科技時代天命藍圖

導航系統

Discover Our New Gift with AI

AI新天賦

李欣頻——著

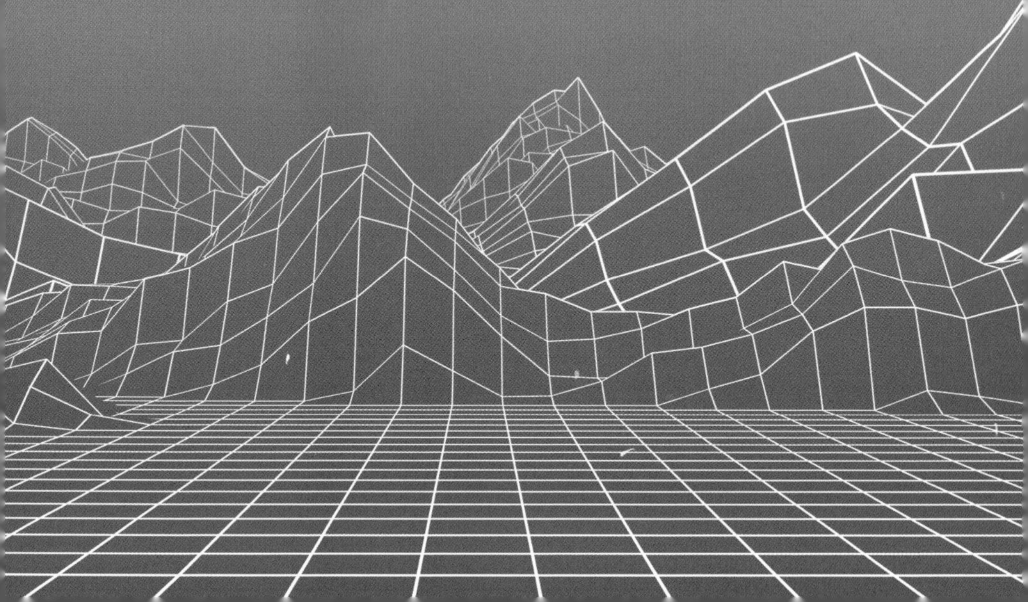

目錄 CONTENTS

Part3　經典的天命觀

Part 4　天命→天職→多元天賦

Part 5　多元天賦→天能
→量子天命的英雄回歸之路

自　序

量子是一種維度觀，天命是一種頻率
量子天命是大家共好的境界

關於天賦、天命的主題，近十年來講過無數場講座，我一直想要把這些堆積如山的講稿整理成書，但因為內容不停地在長，所以就一直放在培養皿裡等它發酵熟成。

在我的諸多創作中，就屬這本書最難寫，因為全書結構既龐大又複雜，一開始以管窺天、以蠡測海，所以只能是邊下載靈感、邊書寫、邊拼圖、邊升維、修正模型……然後再：邊下載靈感、邊書寫、邊拼圖、邊升維、再修正模型……越寫越無窮無盡，看不到何時可以寫完的盡頭。

我正式完成全書稿的時間是在二〇二四年十二月十日，終於在這麼強大超能領悟的能量之下，完成了這本醞釀期長達十年之久的作品，也只有在我寫完的這一刻，才了悟這本書的全貌：「量子是一種維度觀，天命是一種頻率，量子天命是大家共好的境界」。在此非常感謝皇冠出版社，讓這本書得以順產誕生；更謝謝你們成為這本書的讀者，讓我們在量子天命層見！

李欣頻寫於台北

PART

1

爲何在AI科技時代
每一個人都要重新找新天賦
創造新的職業？

從二〇二〇年開始，大家或多或少已經感受到外在環境變動很大，特別是從二〇二四年起 AI 科技日新月異，每一次 AI 科技的更新，就瞬間導致某個行業即將大量裁員。所以每一個人幾乎都要重新校準 AI 時代的新天賦藍圖，因為還有很多因應 AI 科技的新行業還沒誕生。

無論你現在從事哪一個專業行業，當下每一項 AI 科技發展初期，都要思考 AI 將來會不會取代你的工作？根據你目前的工作／職業／角色，如果我們現在已全面進入 AI 時代、強大的 AI 機器人進入大部分人的生活，你覺得一天的日子、工作有什麼改變？對於你的生活具體影響是什麼？你覺得整個世界會與現在有哪些不同？我們要做什麼才不會被取代？針對以上的改變，你的感覺是什麼？你會期待什麼？或是害怕什麼？你希望未來世界出現怎樣的職業？怎樣的物品與服務才能解決目前自己的哪些問題、解決世界目前哪些問題？……所以我們需要預先看到全面科技化的生活樣貌，我們才能知道自己未來能做什麼，然後現在來得及提前做好轉型的準備。

AI 科技＋人形機器人即將開始接手許多工作

自從 OpenAI 公司推出聊天對話機器人 ChatGPT 之後，

AI 科技在大眾面前開始飛速發展，其智商即將超越人類的智力總和；加上伊隆．馬斯克的人形機器人即將商用普及，可預見現在與未來將有非常多的工作將被取代，凡是有「介面性」、「技術性」的工作優先被影響。

介面性的工作：科技會讓靈感出現到完成之間的流程簡化，我簡稱為「去介面化」。舉例來說，以前的人講電話，還得透過接線員接通對方電話，現在則不需要接線員，自己打Line電話給對方就可以，連電話費都不用，所以接線生、郵差大規模失業；以前要叫車，還得打電話去人工約車，現在用手機 APP 就能自行約車；以前搭計程車需要司機，現在無人車則不再需要人力，而且更便宜，未來絕大部分的司機將面臨失業；以前拍個人照要找專業攝影師＋化妝師＋服裝造型師＋照片沖洗與修片人員，現在手機的美顏軟件就取代了上述所有的從業人員。

舉凡要透過另一個人才能成事的，都可視為介面性工作，所以一個新科技軟件、相應科技的發明，就讓所謂「中介帶」的人瞬間失業，所以我們要檢查一下自己目前的工作是否在「介面帶」上，倘若是，就要即時做好準備。

技術性的工作：想像一下，在二〇二六～二〇二七年以後，家家戶戶都至少有一台高智能的人形機器人，它可以瞬間取代保姆、管家、看護、清潔人員、廚師、跑腿辦事員、家教、心理諮商師、按摩師、正骨師、美容美髮師、健身教練、瑜伽老師、家庭醫生、財務顧問、法律諮詢……只要這台人形機器人把相關的、最高階的技能學會之後，還能透過邊做邊修正學習，以更符合客戶的需要。

也就是說，凡舉生活中需要藉由「人」才能完成的服務，現在高智力的人形機器人全都可以一手包辦，甚至它的廚藝可以是由米其林三星主廚傳授並訓練、它的財務建議是根據麥肯錫大數據、與無數個全球歷年經典案例演算而來、它的家務技術是皇室管家、或是五星級的最高水平，而且還可以持續進化到更好……也就是說，我們可以最低的費用，享受到最世界頂級的服務，於是上述所提及的行業人力將會大量被縮減，當然也包括程式編程員在內。

與其問未來 AI 科技時代將有哪些行業會被取代，倒不如問哪些行業不會被取代，答案也顯而易見：舉凡人形機器人會做的工作都將會被取代，差別只在科技追上人力時間的早晚問題而已，例如：打掃阿姨比按摩師更快被取代，因為馬斯克的人形機器人現在已經會做家務了，但它要精細到能按摩身體則還需要一段進程。但無論如何，只要是 AI 軟件或是 AI 人形機器人可以取代你的工作，現在都要趕緊找到可以跟 AI 科技協同的新工作賽道，特別要銜接好未來的大趨勢。

看一下自己的工作類別是符合未來生活大趨勢，還是即將被淘汰的夕陽產業？

AI 科技讓還沒準備好的人失業
讓有應變力的人轉型

當人口結構開始轉變，婚育率越來越低，年輕人開始以養寵物來取代找伴侶，而且老年的人口越來越多……等到將來人形機器人普及之後，各款的醫護機器人、仿真的美女機器人、帥哥機器人就會成為更流行的趨勢；反之，嬰兒用品產業、幼兒園的數量開始縮減。所以在找尋自己未來能與 AI 協同的新天賦工作時，一定要把未來的趨勢作為選擇的前提，這部分需要把視角放大到全世界，有些現象在其他國家已經發生，我們就要提前做好準備，例如幾年前日本人口結構老年化，直到最近我們才開始面臨這個問題，但在趨勢大浪將來之前做好轉型準備就非常重要。

與此同時，我們要緊追著每一項科技的最新發展，並結合未來生活的大趨勢，然後隨時想一下：如果這項科技一旦普及，一旦這個生活新趨勢開始全面影響每一個人，對於你現在的專業工作會有怎樣的影響？我們可以在原先的工作上，以全產業的老闆視角看一下，如果將AI科技引進公司，哪些職位必須轉型或被裁撤？根據自己的興趣／愛好／專長，構思一下在未來AI科技普及時想做什麼？AI可以幫助你哪些部分？對於未來大家的生活會有怎樣的影響？這樣的思考有助於讓你快速找到新的天賦藍圖。

舉一位學員的例子，她的興趣有：茶藝、閱讀、銀髮族（樂齡族）的心理諮詢、瑜伽、旅行、電影、畫畫……我從她散寫的這些興趣專長中找到最重要的核心是「銀髮族（樂齡族）的心理諮詢」，因為現在已經進入老年化社會，所以她可以把自己發展成「樂齡族的身心健康與人生專業教練」，雖然未來AI機器人能夠全方位且專業地協助照顧老人家，但我們可以思考一下，你希望自己的老年是被專人照顧的，還是被一個機器人照顧？

如果她喜歡成為「樂齡族的身心健康與人生專業教練」，她現在就必須盡快建立體系、平台、個人 IP ／品牌，進而建立或優化全國專業的養老生態村，這就必須多去參看各國養老生態村的實際案例。例如，我在二〇二四年五月去印度南部的阿育吠陀森林療癒生態村待了十天，那裡有專業的吠陀醫生每天早上為我把脈，並給予專業且客製化的飲食建議，並為我安排每天至少兩次的草藥按摩排毒，而且每天都有各種瑜伽課、呼吸課、養生課，整個生活場域都是在森林中，我的身心不僅快速地恢復到最佳狀態、體重也很健康地自然減輕完全不必節食（因為食物又健康又好吃），而且身體的各項指標都越來越好，每天都非常開心——倘若能在這樣的場域配備「樂齡族的身心健康與人生專業教練」，一對一指導每一位老人肌肉訓練與心靈調整：倘若他／她有什麼與家人不愉快的心結也可協助化解，那麼這就是 AI 很難取代的部分，但 AI 人形機器人可以協助這位教練全天候監測這位老人家的身心狀況，並實時為她做精準的生活與餐飲調整——所以這位學員目前要加緊把相關的專業補齊，例如老人心理學、生死學、老年人的心理諮商技術、老年人的健身教練資格、老年人的營養師……並第一時間了解 AI 科技在照顧老人家生活與醫療方面的進展。

我們再回頭看看她原來寫的興趣專長：茶藝、閱讀、銀髮族（樂齡族）的心理諮詢、瑜伽、旅行、電影、畫畫，她將來若以「樂齡族的身心健康與人生專業教練」的身分，帶領老人家過健康養生的生活、帶這些老人家們做符合他們年齡的瑜伽、健身、旅行、電影觀影會，帶他們在森林中畫畫、泡茶，並唸書給老人家聽（他們多半視力聽力都不大行）、陪他們聊天並協助他們化解與家人的心結、圓他們未完成的夢，那麼這位學員所有的興趣專長全都被包含進去她的新天賦藍圖。

所以我建議她多看相關的電影：老人、養老、生死的主題，邊看邊做筆記。最重要是要多去看其他國家的成功案例：包括泰國的道花園、丹雅排毒中心、印度的曙光村、北印度的喜馬拉雅山阿育吠陀中心，以上這些我都去過；另外我前陣子看到一則新聞：在英國倫敦巴內特的NEWGROUND，這是一個二十六人熟齡共居社區，就像是「抱團養老」的概念，單身或喪偶的熟齡共居生活社區將會是未來的趨勢——所以我們的視角要跑在大趨勢之前，先準備好自己未來新職業所需的一切並提前布局好。雖然有很多行業消失，或是必須面臨轉型，但也會有很多新行業將誕生，就是現在最重要的事。

七個全球未來趨勢

至於有哪些未來的趨勢，是我們應該先做好轉型的準備呢？以下我初步列出全球七大未來趨勢版圖供大家參考：

食：

（1）手機結合 AI 科技辨識軟體＋均衡的飲食：

因為有很多疾病都源於過多的食品添加劑、過油過甜的飲食，目前已經有手機結合 AI 科技辨識的軟體，只要掃描眼前的食物，就可以知道其卡路里多少，將來還可以知道其甜度、油脂比例、甚至是食物來源等等。

如果再搭配手機的簡易體檢功能：例如測量血糖、血壓、心率、壓力值、睡眠等以提供當日均衡飲食的建議，並提醒我們隨時調整呼吸、冥想靜心、運動、或是該去好好睡個覺，讓我們隨時保持健康狀態。於是健康營養健身專家所研發的 AI 健康科技 APP，就是非常重要的數據庫，根據每個人每日所提供的身體健康數據，其相應的保健品與客製化的課程，就是未來的商機。

（2）與主廚連線的人形機器人＋健康食材配送：

將來機械手臂或是人形機器人可以與世界知名主廚連線，有創意且多元的食譜、獨特的料理方式，搭配宅配到家、依據家庭成員健康狀況所調配的健康原型食材，將會是我們未來自家廚房餐廳的新風貌。

（3）沉浸式的用餐體驗：

當家家戶戶未來都有個主廚級機器人，那麼能吸引他們出門用餐的，除了社交、慶祝生日或節慶、特殊景觀、主廚尚未授權的新菜單之外，有創意的沉浸式聲光影音場域則是餐廳獨家的賣點——我曾去過東京 teamLab 團隊所設計的一家和牛餐廳，整個餐廳環場包括桌面，根據菜色生動地應景投影出竹林、櫻花、流水、落葉……所有人都忙著拍照發朋友圈，因為那是一次很驚奇難忘的用餐經驗；我還去過杜拜的小廚師墨西哥餐廳，桌面上投影的是金字塔、傳統部落、擺滿蔬果的市集……流動的畫面搭配一道道創意料理，我們就像是在劇場裡沉浸式地用餐——未來這種光影環場的餐廳，將會成為人們體驗特殊用餐氛圍的選擇，只要夠有創意，即使那個行業開始沒落，永遠都會有想要嘗鮮的人光臨。

醫：

（1）AI 醫生：

最近已經有許多醫院結合大數據庫，建立線上 AI 醫生的問診系統，再經過專家多次訓練之後，大多數都能解決基本的疾病診斷、開藥，甚至比新手醫生還好，與此同時也解決了醫院人滿為患、醫生護士人力不足的問題。將來這套系統結合家家戶戶的人形機器人，就可以在 AI 醫生診斷完後，聽從醫囑讓人形機器人在家做好醫護照料的工作。

（2）排毒，回春、養生療癒中心：

近期有越來越多人有各式各樣的慢性病、三高（高血壓、高血脂、糖尿病），許多人的身體處於不健康狀態，所以未來相關的排毒、回春、養生療癒中心會越來越盛行。這部分還可以分為自然派與科技派：前者是在森林療癒中心，以自然的食療、油療、蔬果輕斷食等方法來讓人體自然恢復身心健康；

後者則是以生物科技的方式（例如：幹細胞、基因療法）協助人們恢復健康、回春抗老——未來這些產業都是前景看好。

（3）美的產業：

當生物科技越來越先進，因應人們對於美的渴望，醫美、美容、瘦身的相關產業一樣是前景看好。此外也有另一派主張自然調理的方法變美，主張：零醫美、健康美、一樣美。

（4）情緒、心理健康產業：

當經濟局勢變動加劇，越來越多人因為高壓造成心理問題，小到情緒焦慮、恐慌、憂鬱、厭世，影響了自己的身心健康，大到無法控制憤怒情緒，無差別傷害無辜的路人，所以關於情緒管理、心理健康等，將會是越來越被需要的產業；未來再結合科技穿戴裝置，就可以隨時調整情緒有劇烈變化的人，減少傷害的發生。

（5）醫療的進步：

二〇二四年諾貝爾化學獎由華盛頓大學生物化學家貝克（David Baker）、Google DeepMind的瓊珀（John

Jumper）、及哈薩比斯（Demis Hassabis）共同取得殊榮，他們藉由AI，在五年內將蛋白質折疊預測的準確率從40%提高到90%，這將成為抗體篩選、藥物設計的主流。可以預見未來透過AI演算，將大幅度突破疾病的醫療技術，藥物研發也將飛速發展，將來人們就沒有什麼治不了的疾病，包括癌症、阿茲海默症等等。

（6）3D 列印個人器官：

目前已經做到配合幹細胞技術，可以列印自體的心臟、骨骼、耳朵、眼角膜……將來還會有更多器官可以被列印出來移植到自己的身體內，既不必排隊等配對，也不會擔心排斥的風險。

衣：

一件科技衣，抵數十百千件的成衣：以往快時尚風潮，買一件衣服很便宜但穿沒幾次就囤積在衣櫃裡，既占空間、丟棄後的廢棄成衣也造成地球的嚴重污染。目前已經有科技衣，只要一件就可以隨時變換顏色、圖樣；有的 AI 機能衣還把線材和感應器相結合，以智慧紡織技術形成可以穿的電路板，既舒適又有彈性，可以偵測運動選手相關大數據以改進運動技術，還可以偵測體溫、心跳、血壓等，作為病人居家復健的穿戴輔具，隨時提供發熱或冷卻體溫的功能，甚至還有摔倒自動打開護頭背氣囊、急救或是緊急求救的功能——所以我都會請目前正在成衣產業的同學，盡快建立科技的第二賽道，因為傳統的成衣市場將會是夕陽產業。

住：

（1）AI預測警示系統：

關於地球未來的氣候變化、地震、海嘯、火山爆發、洪水、龍捲風、焚風……包括極端氣候，都能透過AI大數據演算更能精準地預測、並即時預警，提前預防災情的發生。

（2）遠距工作＋旅居＝數位游牧族的興起：

在疫情期間，遠距上班的型式開始被接受，於是在全球其他地方，有越來越多年輕人選擇以旅居＋遠距工作的生活方式，所以就有了「數位游牧族」的新型態，取代過去在辦公室朝九晚五的工作方式，一方面可減少辦公室的成本，另一方面可以快樂地過著遊居的生活，而不是只能等到退休後才能過自己想過的生活。所以一台擁有完整房屋功能的休旅房車或露營車，將會是除了房地產之外的居住選擇。而這樣的數位游牧族可以依氣候、節氣、節慶隨時遊居到自己想待的地方，還可以因為不斷地移動，隨時可以結交新的朋友。

（3）與自然共生共存的生態居所：

因為城市空氣污染嚴重，生活節奏既快又有壓力，而且城市裡租買房屋的成本極高，如果可以遠距辦公，將會有更多的年輕人選擇到二、三線城市，甚至去郊區過著低成本、低慾、低消費的悠閒自在生活，人們可以改造舊屋舍成為新潮宜居的環境將會是未來的趨勢。

現在全球也有不少與自然共生共存的生態養生村，例如我之前去過的印度曙光村、義大利 DAMANHUR 社區，以及我計畫將拜訪的蘇格蘭芬活生態村……這些地方的共同點是：在大自然場域中，以維持身心健康愉悅為養生的生活方式，能源、水源及食物自給自足，社區還提供各種療癒、創造、體驗、學習、藝術的空間，甚至還可以自己設計、建造、3D 列印自己的房屋；或是利用實時投影太空、海洋、峽灣、峽谷、沙漠、美術館、博物館、世界奇景（如極光、天空之鏡、雲海……）在自家的空間——在可見的未來，將會有越來越多人選擇這樣的生活方式，所以各地的生態村也會越來越多，將來可以透過類似 Airbnb 的平台，串聯全世界各地的人們可以交換輪住彼此的生態村，讓人們有輪流住在各國不同生態村的選擇。

行：

（1）無人車、低空域飛行車：

當這些高科技的車普及之後，人們在車中的時間變多了，在車中可以做什麼事或娛樂，就成了新興行業的思考。

（2）超高速迴路列車等高速移動的交通工具：

當未來交通工具飛速發展，兩點之間的交通時間將會出奇的短，人們移動的時間成本大幅減少，多出來的時間可以去更多地方旅遊，或是拿來創造自己想要完成的項目。

（3）遊輪之旅：

目前已經有不少尚能行動的退休人士，不選擇住在養老院，而是選擇以遊輪的方式玩全世界，好處是船上有醫生與充足的設備與食物，而且又不必換飯店，所以銀髮族的遊輪市場將是可以預期發展的行業。

（4）太空之旅：

目前馬斯克的 SpaceX，以及之前的維珍航空、藍色起源等的商用太空之旅，將會變得更便宜且普及。

育：

（1）最強教師＋AI 分身，將取代非常大量的教師：

目前已經看到有英文、日文、法文……的 AI 線上家教，使用者可以隨時隨地與 AI 教師對談來練習語文，不必怕丟臉而不敢開口，費用比上語文補習班或家教便宜許多。

可預期接下來將會有越來越多的科目老師被 AI 取代，就像可汗學院創辦人以 AI 數學教師教自己的孩子數學，還可以根據孩子的個性指定 AI 老師的語氣、教學方式，而且 AI 可以根據與孩子之間的互動，來修正教學方式與進程。

所以在該領域最優秀、最有知名度、或是粉絲數 / 流量最多的教師，將會被聘請來協助 AI 教師的程式設計、訓練、修正、優化，但其他新手、或是沒有特色的教師即有可能快速且大量地被淘汰——所以有自己特色、有獨家體系的老師不怕被 AI 取代，反而會因為 AI 讓這位老師擁有全網域更大群的學生，每位學生可以付極少的費用享受最好的師資，若有商業贊助或商業模式的運行，甚至可以做到免學費或是給學生獎學金來上課，而這位老師則可以透過無上限的 AI 分身與全天候教學的授權金，得到近乎無上限的收益。

這部分，最近有一部可供參考二〇二四年西葡電影《人造正義》（*Artificial Justice*），劇情提到：西班牙政府計畫用一款名為「天裁」的AI軟體，來協助法官透過大數據推演出來的判決來加速法官審判的效率，其設計「天裁」的公司就是想要聘請知名的法官來評量AI法官的成果並協助修正、優化該系統——這部片也揭示「天裁系統」與真人法官之間的差異與爭議，是一部我們面對未來AI化時代將要深思的議題。

（2）AI 的專家系統，協助每位學生尋找自己專屬的教練與設計一對一教程：

過去家長要幫子女請各科別的家教，會花一大筆費用，現在由各科目類別的教授專家所訓練的 AI 教師可以在線上，或是以人形機器人的形式做為家庭每一位成員進修學習的專屬家教。

在與 AI 的專家系統互動的過程中，還能以各種興趣天賦熱情的專業評量表、世界級個人天賦啟蒙專家，再加上這本書 Part 4 第二章提到的「協尋新天賦的十二大模型」，透過 AI 觀察這個人的情緒喜好，來隨時統整設計、可隨時追蹤修訂成效反饋，做到個別化調整「天賦的 GPS 導航系統」與強大的「個人天賦孵化器」，再結合全球 AI 專家一對一的教學輔導，這將會取代傳統標準化填鴨應試的教育方法。

（3）協助各行各業轉型的顧問：

由於現在與未來，將有越來越多的行業將被AI科技取代，所以目前在 AI 科技尚未全面普及化的過渡期，越競爭的行業將會越快被取代——如何把握最後的過渡期，快速找到自己的新天賦、並根據全球未來最新趨勢與需求，提前創建新的產業與行業別，這樣的轉型顧問從現在起將被更多人需要。

（4）人生價值的解構與重建：

由於會有大量還沒準備好的行業瞬間被淘汰，所以關於「無條件基本收入 UBI（Universal Basic Income）」的議題將持續熱議中，將來我們讓 AI 人形機器人幫我們賺錢，或是讓它們發錢給我們之後，會產生哪些新的課題？在一部由特斯拉電動車執行長伊隆．馬斯克親自解說並客串演出的《AI 時代》（*AFTERWORK*）紀錄片中提出一個大哉問：如果不工作後你會有大把時間，你會拿來做什麼？

過去大多數的人藉由工作來尋求、建立、證明自己的人生價值，一旦退休或因為來不及轉型而失去工作者，就必須重新尋找新的人生意義與價值——想像一下，如果你已經有了基本生活收入，或已達財務自由，你現在想做什麼？或是：如果你有超能力，你想創造什麼？那麼現在就去做，雖然工作無法真正建立或是代表你的價值，但你所創造出來的才能完成自己的成就感。

（5）腦波與腦機共構，讓學習成了瞬間下載般地快速：

目前科技已經可以做到以飛行員的腦波影響一個新手開飛機，或是一位奧運射箭冠軍選手的腦波，讓一個從未拿過箭的人一舉射中靶心。將來我們已經不再需要漫長的學習，以專家、教授、發明家、藝術家、天才……的腦波就能平移到一般人的腦中，或是以「腦機共構」的方式來完成技能的轉移。

所以未來有創造力的專家腦波，將是可以大量販售的搶手貨，這也是創造力拉大貧富差距的未來趨勢。

（6）互動式學習、反思、創造的環境場域：

目前各媒介內容交互串流，未來不再是一本本書，而是流動式的混合文本；等到規模變大之後，將會漸漸形成互動式的學習＋反思＋創造平台、或是介面場域化、遊戲化。可參考的範例是：波爾多葡萄酒博物館，以及蘇格蘭威士忌博物館，他們極有創意地搭建各種互動式的學習與體驗場域，成功地達到了教育娛樂化、娛樂教育化的成果。

樂：

（1）個人即團隊：

繼「Luma AI Dream Machine」的 AI 軟件可以讓照片動起來，現在 AI 軟體還能快速生成圖片、人物、故事、劇情、影像、音樂……所以能創造故事內容者，可以利用 AI 軟件就能從故事大綱直接且快速生成電影作品。

截至二〇二四年底為止，新創公司 Promise 宣布目前正在研發一款名為 Muse 生成式 AI 軟件，從故事概念到後製特效，AI 技術可應用到全程影視製作的各個環節，可以讓創作者不會受限於製作團隊與成本，可盡情地發揮想像力；此外，ChatGPT 開發商 OpenAI 於二〇二四年二月推出生成式影片軟件 Sora，只要「輸入文字」就能直接生成電影級的影片；緊接著二〇二四年三月，全球知名繪圖與多媒體設計軟件公司 Adobe 也推出可根據自然語言就能生成影片的「Firefly」，讓想像力與創造力直接生成執行力，AI 技術已開始取代影視產業鏈的相關工作人員，嚴重衝擊到影視勞動市場，也重塑出影視界的新生態。

創造力拉大貧富差距的時代來臨了，我們現在當務之急，就是加緊培訓創意力與創造力，我們可以大量研究小說故事、電影劇情、動漫人物、神話傳說，更要深入研究創作者的創作動機與創作背景：他們是如何從現實生活，或是想像與夢境中取材成為經典的故事，以刺激我們的創造神經元的加速成長。

（2）名人虛擬化：

無論是主播、已故或現在當紅的名人、知名主持人、網紅、虛擬偶像……都可以生成他／她的虛擬分身，全年無休地在線上、線下與不同族群的分眾互動——這就是 AI 科技拉大名氣影響力差距的結果：有名的更有名，沒名的也必須是夠獨特才能殺出重圍。

（3）客製化的互動性：

將來的電影／影集，透過家庭電影院的 AI 播放系統，可以根據收看者的心理狀態、偏好、需求，或是互動的結果，生成不同的電影情節內容與結局——以創意與想像力結合 AI 演算法來產出多維度的內容將會是必要的。

（4）寵物市場：

在少子化的現在，寵物購買 / 領養、寵物溝通、寵物受訓學校、寵物幼兒園、寵物醫療、寵物保險、寵物攝影、寵物友好餐廳、寵物旅館、寵物陪伴員、寵物心理諮商師、寵物殯葬業、寵物過世後復刻成玩偶、製成標本或是未來複製寵物的需求，伴隨著越來越「人性化」的寵物「食、衣、住、行、育、樂」產業。

（5）創意結合 AI 技術，讓現場活動變得聲光特效十足：

無論是演唱會、節慶、大型運動賽事……透過 AI 將天馬行空的創意執行到令人驚豔，於是就有了集體嗨翻、集體宣洩、集體療癒的場域，這也是從現在到未來不變的趨勢。

根據以上初步整理的**全球未來趨勢**，大家還可以隨時關注**新科技的推出**與**全球新聞**，來為自己預想未來的生活與工作可以因為科技變成怎樣的型態，讓我們可以現在就做好轉型或是創新的準備。

我們自己想要過的理想生活
結合科幻小說、電影、影集
都是我們未來預視圖的靈感

很多人會問我，我們該如何知道未來的趨勢？其實有一個方法很簡單，就是問自己：未來你想過一個怎樣的生活？通常人們對於未來理想生活都有共通性，所以大膽預想自己未來與 AI 科技、人形機器人一起打造的理想 / 夢想的生活細節，有助於去推測未來的趨勢。

此外，多看科幻小說、電影、影集有助於我們能更快抓到未來科技的趨勢，例如：目前已發展出類似電影《全面啟動》可以讀取個人的夢境、甚至與夢互動的科技；也有像《悠悠百萬年》影集、電影《無憾愛別離》（*After End*）裡描述的：將已故者的意識，下載到複製已故者的人形機器人，或是別的身體中，讓失去親人的人可以與之繼續共處生活……這些都將成真且即將普及。所以大家不必忙追著科技跑，而是讓自己的想像力大幅度地飛在科技之前，同步建立一個「虛實共構的科幻時空」折疊進我們的日常生活的視角之中，就像電影《阿凡達》、《一級玩家》、《脫稿玩家》、《黑鏡》……在平凡無奇的日子裡疊加進有趣的互動介面，同時我們也可

以把全世界其他的精彩視野拉到自己的眼前，有助於我們練習產生未來 VR（虛擬實境）、AR（擴充實境）的創意內容，等科技一到位，就能瞬間引領百千萬人進入我們的視野旅程。

想像力是 AI 科技的引航者，AI 科技則是創意的顯化，使夢想變成現實，讓我們更快地「無所不在、無所不能」——所以建議大家要親自去世界各地去旅行、體驗、擴充想像力，啟蒙並創造出更多維的智慧視角，才能無縫接軌到有趣的 AI 科技時代。

PART

2

在AI時代新天賦概念下
如何能重新找到新天賦

過去很多人都是依據父母或社會的期望、高考的分數來決定自己的專科、職業，到了 AI 科技時代，很多工作瞬間消失，或是即將消失，許多人不知道除了這份工作之外自己還能做什麼？所以無論你現在做的是哪一行，此時此刻都要重新尋找天賦。接下來我以新發展出來的「多維度雙錐雙向模型」來協助大家全方位且快速地找到自己的新天賦。

斜槓人生的修正與升維

相信在更早之前，大家應該都聽說過「斜槓」（SLASH）這個詞，其概念是源自《紐約時報》專欄作家Marci Alboher的暢銷書《不能只打一份工：多重壓力下的職場求生術》（*One Person/Multiple Careers：A New Model for Work/Life Success*）：「二十世紀末期至二十一世紀初期，年輕人不再滿足於專一職業的工作模式，斜槓青年採取的是多重職業及身分的生活，同時擔任兩份或以上的專業工作，或在某一行業得到相當成就時，轉往另一行業發展。」

但我個人認為「斜槓」這個概念可能會造成一些問題，除了SLASH這個字有另一個意思「削減」，也是未釐清自己核心興趣專長下所造成的「斜槓」後遺症：方向多頭馬車，時間五馬分「施」，學得越多就越焦慮、更茫然，搞到筋疲力盡，最後連健康、財務、人際關係……接連出問題。我們經常可以看到有些人這個課也報名、那個活動也參加、什麼證照學歷都去報考，只因為招生廣告上說「再不學這個就落伍了、再不考上這個證照就失業了、再不做這一行就沒生路了……」，所以「斜槓」就變成了四處奔忙獵尋「讓自己看起來更好」的標籤，像是一隻到處打霰彈槍的無頭蒼蠅，越忙越心慌空虛，最糟的狀況是到最後錢沒了、時間沒了、健康沒了、家人朋友沒了……徒有一堆光鮮亮麗的資歷但內心卻是幽暗的，徹底應驗了「SLASH＝削減」的結局。

所以我在《十四堂人生創意課》系列書中提出了「天賦開花圖」，核心專長放中間，其他的副專長、副興趣放在周圍，就像是一朵花的花蕊花蜜在內，花瓣在四周多元、多層次地同步綻放展開，這比「斜槓」更有中心聚焦的生命力。

李欣頻的天賦開花圖

（引自《十四堂人生創意課》）

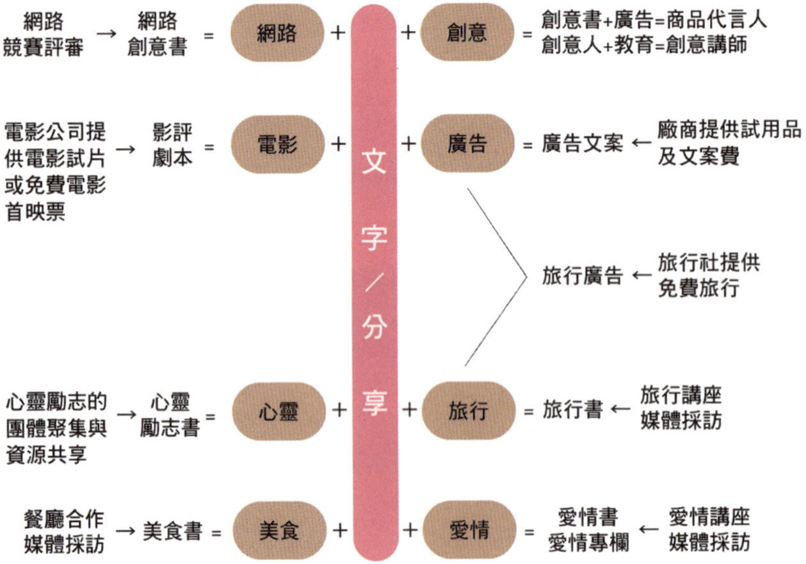

《十四堂人生創意課》是我在二〇〇三年寫的書，面對比過去變化更劇烈的現在，我希望能將「天賦開花圖」升級進化，於是我引用了孔子《論語．為政》裡的：「三十而立、四十而不惑、五十而知天命」中的「天命」概念，來代表「天」賦＋使「命」之意。也就是說，在AI科技時代，天賦一詞已不夠用，必須加上「使命」才能協同AI科技一起往大家都共好的大目標藍圖前進。

「天命」可以是一本書、一部電影、一個發明、一個發現、一個概念、一個學說理論、一個品牌、一件衣服、一棟建築、一幅畫、一場球賽、一齣戲、一首曲子、一場音樂會……總之必須是由你全然專注於創造的狂熱，一直累積熱能到達沸點之後質變的過程，就像是冰變成水、變成水蒸氣，因增加熱能而讓形態更自由的「蒸餾天命」，也像是電影《刺客教條》（*Assassin's Creed*）裡的「信仰之躍」（Leap of Faith）、《分歧者》（*Divergent*）女主角從一部行進中的火車頂上跳進建築屋頂、《黑暗騎士：黎明升起》（*The Dark Knight Rises*）布魯斯不靠繩子徒手翻牆，若不成功就會摔井而死的那種決心……這種臨界點只要帶著「放手一搏、不成必死、沒活出天命也了無生趣」的強大意志行動力，就能瞬間典範轉移，如同薩古魯所說的：「當你的意識情緒強烈聚焦，將會在你周圍世界得到顯現，生活就會像魔法一樣運作：所有的事情在你有意圖之前、在你還沒想之前，事情就會展現出來，這是每一個人都有能力達到的生命神奇維度。」這是從「自力排檔」→「神奇排檔」的升維過程，也是「心想事成→事成心想→心誠事享」的量子跳躍過程，其關鍵就是「自助天助者」：所有你想要完成的願望，只有靠你自己才辦得到，這意謂著你要先調整頻率，讓自己「有信心」、「有力量」獨立完成夢想，自己先行進入豐盛頻率，不要因為匱乏而去許那些「期待遇到誰能給你什麼」的願望頻率，就能瞬間翻轉人生。

一旦進入了天命順流層，周圍會突然冒出許多彷彿是從天而降、而且是專屬於你的工作機會，我稱之為「天職」；但因為一時之間要應付那麼多新的天職，說也奇怪，你就能在最短時間內學會、甚至是無師自通一個「過去可能要花很久時間才學會」的能力，就像電影《露西》（*Lucy*）或《駭客任務》（*The Matrix*）那樣可以瞬間下載某一種技能，於是埋藏在深處的天賦，如同火山爆發般被「天命」自行引動出來，也像是海底瞬間浮出冰山那樣，只要你預設自己對某個領域有天賦，就會學得比以前沒自信時快得多。

舉已故知名NBA籃球明星柯比・布萊恩（Kobe Bryant）的例子：他與企業家史蒂貝爾（Jeff Stibel）結盟，創立自己的Granity Studios。柯比親自監製、旁白、配上他各年齡段與籃球互動的畫面，完成了勵志片《親愛的籃球》（*Dear Basketball*），一舉得到第九十屆奧斯卡最佳動畫短片獎，等於柯比把籃球玩到「天命」的層次之後，他所活出來的故事，瞬間就帶他跨入了電影圈卻不需要去念電影系；他瞬間完成傳記《曼巴精神》而不必去念新聞系或是文學系；他瞬間成為籃球教練也不需要去念教育系；他還投資了運動飲料BodyArmor更不需要再考、再花時間去念商學院……這些如雨後春筍冒出來跨界的天職，都自帶瞬間就會的天賦，全都被他巨大的天命光芒投影出來，所以柯比瞬間有了品牌、影片、書、公司、學校、教職……而不必一個斜槓、一個斜槓地慢慢學、慢慢加、慢慢演化。

我再舉自己的一個例子：高中時的我喜歡寫詩，等我大學念廣告系，暑期去廣告公司實習，主管要求我寫一篇文案時，從未寫過文案的我瞬間就會寫文案了；我自小非常討厭在公眾面前說話，舉凡要上台說話的機會我一律抵死反抗，但就在我二十八歲出版第一本書《誠品副作用》之後，首先就要面對新書發表會的考驗，我跟自己說：就當成跟好朋友們「分享（我天賦開花圖核心花蕊的特殊個性）」自己第一本書裡的小故事與背後的心路歷程吧，不要想太多，不要怕、不要排斥……沒想到在第一次新書發表會上，居然可以無懼地跟記者們、讀者們侃侃而談，彷彿我已經是個老練的演說高手似的，還被當時的主持人稱讚：「哇，妳演說的氣場真大，你平時是有上台練演講嗎？」，我才明瞭，原來「天職、天賦」可以因天時、地利、人和瞬間爆發出來，因為只要自帶「天命」氣場，相應配套的天職、天賦就會一起打包成一個大禮物給我。

當我啟動了天命投影源之後，我透過寫書來發掘並探索自己各種好奇的面向：廣告、創意、教育、旅行、美食、曆法、心理學、身心靈療癒、心靈成長……於是我也從廣告文案瞬間演化出作家、創意策劃人、大學的廣告文案老師、旅行隨團老師、美食與旅行專欄作家、人生創意課程講師……我還以自己帶領自己的方式，帶領課上學生們做靜心冥想，甚至還在風潮唱片錄製了調頻導引專輯《音樂欣頻率》，並且在二〇一八年底在上海主辦了近六百人的跨年調頻舞會——我沒學過寫作、音樂、舞蹈、主持……這些全都是配套在我的「創意天命」封包之下的各種天職、天賦，至今像是拆禮物包裝般地逐一啟動中。

也就是說，當我們把自己拉到天命層，向下射光投影出的天職、天賦就能一目了然；但如果是在地面上奔東跑西，一會聽這個人說要學這個、一會追隨另一個人去做別的……同在地面上的人也看不到你，資源就很難匯流到你這裡，於是你會越來越疲累無勁，一直在窮忙狀態——何不好好先選一件你最有熱情的事，把這件事做到「前無古人、後無來者」般的獨特，只要有一個人將感動的口碑傳出去，你的作品／商品／服務……本身就會自帶光芒吸引力，一如小巷美食不需要廣告。

所以盡快建立個人IP、盡快建立自己獨有的完整體系（包含思想、哲學、方法等），並完成自己的代表作就非常重要。我自己是以「文藝復興時期（Renaissance）的拉斐爾在梵蒂岡使徒宮的著名畫作《雅典學院》（Scuola di Atene）」，做為「完整化」自己的範例，這幅畫中涵概了古希臘羅馬時期知名的神學、哲學、宗教、文史學、藝術、音樂、詩歌、科學、數學、天文學等學者——如果我們想要在AI科技時代建立一個「全人全才版的自己」，創造出自己生命中的新文藝復興，那麼我們就要讓自己補齊關於天文學、地球學、民族學、科學、醫學、物理學、心理學、建築、哲學、文學、藝術、音樂、美學、美食、營養學、全球政經學……相關的知識與體驗，再結合：智者、作家、旅行家、AI專家等身分，培訓自己成為「全人全才」來取代單一天賦，完成從「通才」→「專才」→「全才」的進化過程，這樣AI科技就能協助我們將人類所有的知識智慧、專業技能，以大數據推衍與鳥瞰宏觀串聯力，讓我們更快達成「超能」。

當 AI 越來越像「人類」，人獨有的原創、體系、觀點、視角、風格、情緒、經驗、生命力、想像力……結合科技（如：腦機共構）能強大感官系統（如：夜視、遠視、透視、千里耳、心電感應溝通），將我們往上升級成「創造之神」：全知＋全息＋全能＋全才。所以不能讓 AI 取代我們深度反思問題與解答問題的能力，更不能讓 AI 取代我們跳躍且廣大的想像聯想力、創造力——「無所不能」就「無可取代」，科技才能協助我們把人生變成創意好玩的遊樂場，與 AI 協同共創人類新文明紀元。

AI 科技時代・多維度雙錐雙向金字塔動能系統

為了避免「斜槓」的後遺症，我完整發展出了：

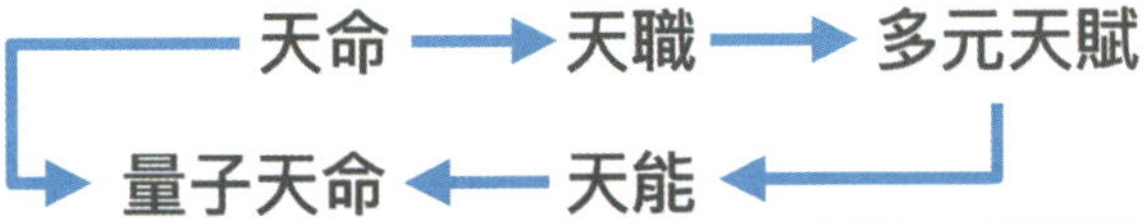

多維度・雙錐・雙向金字塔投影動能模型

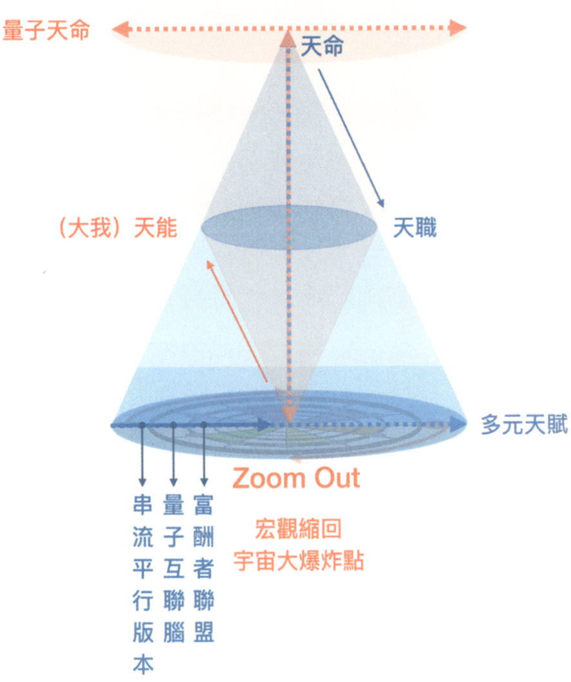

根據這個模型，首先要完成的是由上到下的藍色區塊，依序是：上方單點的「天命」，到中間環帶的「天職」，到下方最大環帶「多元天賦」，然後再拉開視角（Zoom out），透過串流平行版本→量子互聯腦→富酬者聯盟三個升維步驟，以宏觀的角度把「多元天賦圈」縮到一個點的大小，這個「點」我們可以理解像是「被黑洞吸入奇異點」，一旦進入其中，就不會被外界雜質能量所干擾，於是能創造出更多機率跨越到另一個維度；也可以理解成為「宇宙大爆炸」的原點，然後從這點由下到上爆開出「大我／天能圈」（橘色區塊），然後再向上放射成「量子天命」圈，這比原來的「天命點」輻射範圍更大，而且宛如宇宙大爆炸般地發生，其實已經瞬間到達終點，因為起始點和終點本來就是捲曲連在一起的，形成永恆的延續，即可翻轉原本時間的流向，以果導回因。

量子物理學有個概念：「觀察者決定觀察結果」，但觀察者是小我、高我、超我、大我，或是創世者的視角之別，就是不同維度天命威力之別——量子是一種維度觀，天命是一種頻率，量子天命則是大家共好的境界，我們最終要在這個最高、最巔峰的量子天命頻率狀態下思考：自己與周圍每個人的整個生命旅程，能一起為地球／人類創生出怎樣獨特而美好的貢獻？

接下來我以各篇章來逐一剖析上述這張模型圖的每個環節內容，以及彼此的聯動關係。

PART

3

經典的天命觀

什麼是天命

我在多次教學與個案諮詢中，最常被問到的問題是：如何知道這輩子的生命意義？如何尋得自己的天命？如何找到天賦所在？如何發揮出自己的潛能？……真正能做到「三十而立、四十不惑、五十知天命的人」不是很多，很多人即使到了五十、六十歲，依然找不到自己的天命所在。我認為，而立、不惑、知天命、耳順、隨心所欲不逾矩，可以不必以年齡進程來分，對於變化加速的現代而言，可以升級成為一個人「**自我調頻與評量的智慧維度**（各種可能性串聯的廣度）與**行動頻率**（做此事的頻繁程度、密度、濃度）」的五個級距指標。

針對新版的「智慧維度與行動頻率」指標，我們先來重新審視「天命」的概念──「而立」、「不惑」是「天命」的地基，到達天命的維度之後，自然就能生聚成熱情行動的頻率，而這頻率會創造平行於現實之外的新的實相，就像是電影《一級玩家》（*Ready Player One*）有一幕：當主角一路從賽車道倒車，他雖然看得到所有在玻璃天幕之外的攻擊與威脅，但都碰不到他，只要他不被「所見的外在」驚嚇，並克服內在與所有競爭者「逆行」所造成「怕落後的不安」與「不確定是否成功的恐懼」，他就可以瞬間跳出競技場，那麼這條專屬於他的天命之道，就能一路護持他到過關終點——在這段「千山萬水，唯我獨行」的專心一志過程中，既不會被外在頻率不符的聲音干擾，也就不會花時間精力去與人爭辯衝突，就像是在一〇一樓的人沒必要跟三樓的人吵架，這就是「耳順」的境界；在高架快速道路上的賽車不必受限於平面道路的塞車，於是在新版的「天命」維度中自然就到達了「順流、隨心所欲不逾矩」。

在「三十而立、四十不惑、五十知天命、六十耳順、七十隨心所欲不逾矩」後面，我再加最後三個更高維的境界：**八十展現全原力→九十怎樣都好的全息多版本大圓滿**，就像是電影《露西》大腦開發到最高的「無所不在、無所不能」，到了**第一百的級距就是：以創造者的多重維度視角，全覽全宇宙生靈的各種命運版本**，這就是「從天命→量子天命」的境界。

身在詭譎多變的現代，「天命」將不再被狹隘定義為「一件事」，而是一種本能頻率，一種把內在爆發的生命創造欲展現出來，就像是受精卵演化成胎兒、種子變成大樹、小雞啄出蛋殼、毛毛蟲變成蝴蝶、蝌蚪變青蛙、蜜蜂把花粉變成蜜……它們不是為了別人，而是為了自己強大動力的生命成長，只要我們不去阻止這股自動生成的能量，這個大自然級的創造之流就會「自己完成自己」，而且無法逆轉，即是天命頻率，一如《靈魂急轉彎》（*Soul*）電影裡，主角沉浸在他喜歡的爵士樂時那種「忘我」的境界，也像是日本藝術家草間彌生畫圖從不需打草稿，一開始動筆畫就直接進入自然創造之流，此時此刻不會知道下一筆會在哪，當創造的能量結束了，畫也就完成了——每一個人都是獨特天命頻率的管道，只要你能找到讓自己「忘我」的創作是什麼，作品就能沉浸在這個頻率之中，渾然天成地完成它自己。

關於天命，《地球朝聖者》作者薩提斯・庫瑪（Satish Kuma）有一段非常有詩意的詮釋：「採蜜之後，蜜蜂將花粉轉化成為甘甜、美味又健康的蜂蜜，這一過程，正是發生在與『實際釀蜜行為』互相平行的高維度……而那不可見的維度，就是神聖的、想像的維度」——我們如何從原維度的現況原材料，提煉出新維度的「蜜」，就像如何從葡萄釀出「酒」，這就是大自然天命頻率的鍊金術奧秘。

牧羊少年奇幻之旅的「天命」概念

提到「天命」這個概念，就一定要提到巴西作家 Paulo

Coelho 所寫的世界知名經典之作《牧羊少年奇幻之旅》，從這本書裡可以整理出關於「天命」的經典定義：「是你一直想去做的事，你不害怕做夢，也不畏懼去渴望生命中任何會發生的事物。隨著歲月流逝，一股神秘力量說服人們根本不可能完成自己的天命，這力量看似負面，實際上是引導你去完成天命，它能淬煉你的精神、砥礪你的願力，因為這是這個星球最偉大的真理……只要你真心渴望某樣東西，就放手去做，整個宇宙都會聯合起來幫助你完成，因為渴望是源自於天地之心，那就是你來到這世間的任務；完成自己的天命，是每一個人一生唯一的職責，萬物都為一。」

我整理出《牧羊少年奇幻之旅》幾個與「天命」相關的概念，包括：

（1）依賴讓你忘了生存的本能：

羊依賴牧羊人，所以忘了如何運用自己的本能生存下去。如果我們依賴父母、兄弟姐妹、伴侶、朋友……我們自然就會弱化自己的力量，也會漠視自己的天命，唯有拿回自己生命的負責權、主導權，我們才能啟動巨大的生存本能，這才是天命之旅的出發點。

（2）父母的期望，很可能就是你的「天命」裝備：

牧羊少年的父母期望他成為神父，於是他去學了拉丁文、西班牙文、神學，但這些學習就在他之後的旅程成了重要裝備——我們可以回顧自己過去「被期待」或是「被強迫」學習的技能，這些都有可能是自己生命藍圖的原廠設定，等到人生天命旅程進行到終點時，你才會知道當初為何會有人「期待」或是「逼你」去學它們。

《白色巨塔》的作者侯文詠原是醫生，後來還是聽從自己內心選擇專職寫作，但原來的醫學知識背景就成了他當作家的「天命配備」，自動生成了他的寫作素材。我自己也是，在選填大學志願時，父親要我填「廣告系」，我一開始很排斥去念這麼「商業」的科系，當時的我只想念文學、當作家，但後來我的第一本書居然是我的廣告文案作品集《誠品副作用》，這本書是我的「天命之作」，不僅讓我可以繼續以接寫廣告文案為生，在寫文案之餘的大部分時間還可以放開來寫自己喜歡的題材，不必為了迎合市場寫自己不喜歡的內容，瞬間也開啟了我的作家之旅；我也因為這本書的出版，讓我順利通過政大廣告所碩士班、北京大學新聞與傳播研究所博士班的入學考口試，在讀博士班期間還同時擔任北大的文案創意老師。

所以我們可以回顧從小時候到現在，有哪些是家人、身邊人要你學會的技能？或是高考時依分數自動選上的志願？這些都有可能是你的天命裝備！

（3）父母的阻礙，很可能就是誘惑你跳出舒適圈的跨欄：

當牧羊少年想出遠門去旅行，父親跟他說：「全世界都到我們這裡來尋找新事物，當他們離去時，基本上還是跟來時同一個人，他們爬上高山去看過城堡，最後還是覺得過去的比眼前的好。」

剛才上一段提到，父母親友鼓勵或逼迫我們學的項目，將來有可能會是我們的天命裝備，他們如此強烈阻止我們的興趣愛好，很有可能是為了考驗我們有多麼想做、多麼想完成，不做就毋寧死的那種決心，就像奧斯卡導演李安的父親一開始反對他拍電影，但後來他的叛逆為自己活出了天命——在許多原生家庭的藍圖設定中，父母親友老師同學扮演著我們永遠的反對者，狠推「天生反骨的我們」出門，等到我們上路了，他們還時不時成為威脅我們不准去做自己喜歡之事的路障，就像子宮裡無論有多舒服、待在裡面有多無憂無慮，生命本能的設定還是會把我們往外推；也像雛鳥會啄出安全的蛋殼邁向未知、母鳥會把幼鳥推出鳥巢讓牠自己飛……「家」極有可能是「對未知感到好奇、愛好自由、想冒險」的我們，無論如何都想要跳出舒適圈的跨欄或高牆。

我有一位學生，他是一位彩妝師，小時候他非常喜歡玩媽媽的化妝品，總是會偷偷拿來在臉上塗東抹西，但好幾次不小心被爸爸發現，因為他爸爸認為男生不可以玩「女生的」化妝品，所以總是被毒打一頓，他一氣之下決定離家出走，自己在外努力學習、工作、創業，目前已是一位有著自己品牌的知名彩妝師。當他找我做天賦藍圖的個案，跟我說他至今還是很恨他爸爸，我問他：如果你生在一個父母都不阻攔、甚至還鼓勵你玩彩妝的家庭，你還會像現在一樣有這麼強大「非要證明自己的選擇是對的」的動力嗎？

我自己也是，當初父母非常不贊同我寫作，因為他們覺得作家都很窮困潦倒，希望我能像他們一樣當個老師比較安穩，正因為我的個性叛逆而且反骨，所以我還是一路堅持筆耕不輟地寫作。我曾經想過，如果父母一開始就安排我往寫作的方向發展，送我到寫作班學寫作，逼我每天要寫多少字……

我可能會被這些高壓的期待與逼迫搞到意興闌珊，我也會搞不清楚究竟是他們要我寫的，還是我自己真心想寫的——所以，如果身邊的人反對你去做喜歡的事，甚至恐嚇你「做自己喜歡的事會餓死」，其實只要以智慧破解這魔咒，去找出這句話的反例，例如《哈利波特》作者不僅沒窮困潦倒，還成了世界富豪。只要你「拋棄繼承」父母親友的生存焦慮與恐懼，那麼你的智慧與勇氣就已經邁出天命之旅的第一步了。日本知名服裝設計師山本耀司的名言：「『自己』這個東西是看不見的，總得撞上一些別的什麼，反彈回來才會了解『自己』」，所以讓自己跟很強的「逆天命」相碰撞，然後才知道自己是什麼、要什麼、喜歡什麼，這也是一條另類的「天命」之道。

「父母阻礙，逼你跳出舒適圈」另一種「異曲同工」的版本是：「父母不在、童年提早被迫跳出舒適圈」，例如《哈利波特》、《鬼滅之刃》、《后翼棄兵》（*The Queen's Gambit*）故事裡的主角，無父無母孤獨面對周圍的艱難，都是為了要完成「天命之前所設各種激發潛能的英雄考驗」——所謂天命的「命」這個字的寫法：「人必有一叩」，既是生命的「叩」關，也是天命的「叩」問。

（4）厭倦原來生活之後遠行，挑陌生的路走：

當牧羊少年開始厭倦原來的生活，他覺得自己就算繼續待在神學院也不會發現神，所以他每次都盡可能挑陌生的路走，他覺得生活在希望中，生活才顯得更有趣，這就是他出門找天命，或者可以說是「被天命召喚」的動力。也就是說，天命往往藏在非慣性的方向上，就如同電影《冰雪奇緣》（*Frozen*）續集裡的艾莎女王，她聽到來自北方的召喚聲誘惑她離開城堡，她透過無條件的愛與勇氣，破除自己恐懼的框限，勇敢邁向未知之地，於是開啟了一段完成眾人天命的冒險之旅。

《地球朝聖者》有一段非常美、關於「未知天命召喚」的描述，摘錄如下：「活得像一條河流，永遠被驚奇所帶領，展開未知的旅程吧！做為一個朝聖者，就要踏上一條冒險的道路，走出我們過去的、確定的舒適區，學會適應不確定的、充滿驚喜的，和不可預知的事情。我們必須放手偏見和預設，才能大步邁向未知。害怕未知是人類的一種自然狀態，但朝聖不是旅行，朝聖沒有目的地，沒有旅行指南，沒有路線圖，你也沒法提前預訂住宿。當我們有意識的成為朝聖者，我們的旅程就變成了英雄之旅。神話學家約瑟夫・坎貝爾談到了這種旅程：英雄是那些準備好將自己生命掌握在自己手中的人，他們不怕風險，不以自我為中心，完全毫無保留地致力於他們的追求時，會使他們脫離恐懼，在軟弱時予他們力量。」

你聽到了天命的召喚嗎？你的天命動力是什麼？你開啟自己英雄之旅的天命之途了嗎？

（5）用智者洞悉的眼光，去發現尋常事物中的不尋常：

當牧羊少年遇到解夢的老婦人時，她對他說：「用智者洞悉的眼光，去發現尋常事物中的不尋常」。我的二〇二一《超能曆》手帳裡其中有一個任務就是：如果你每天都以「自己是智者」的身分眼光，去發現生活中尋常事物中的不尋常，你能發現哪些事可能是你的天命嗎？

（6）跳出宿命的謊言：

當老人跟牧羊少年說：「在生命的重要時刻，我們往往對於發生在自己身上的事無能為力，只能聽天由命——這是世界上最大的謊言。」要對接到「天命」頻率，最基本的就是要自信，如果不自信，就相當於你的天線有雜訊；唯有完全自信，才能讓「天命」突破屏障，展現強大的「原力」。

在《時尚鬼才：McQueen》紀錄片裡，麥昆童年被欺負的創傷，後來被他轉成創作服裝的靈感；獲得奧斯卡最佳紀錄短片的《天堂在405號公路塞車》（*Heaven Is a Traffic Jam on the 405*），描述明迪・艾波（Mindy Alper）將童年因父母所造成的創傷轉化成藝術創作；電影《水行俠》（*Aquaman*）裡的小男孩一開始被認為是「海陸雜種」所以經常被欺負，但當他認知到他是「擁有海陸雙跨力：到陸地上不必帶裝備、潛到海裡也不需要氧氣筒」的特別之人，他的「原力」就開始甦醒——你可以寫下「認為自己不夠好的缺點、弱點」是什麼？然後轉成「正面有力量的方式」來重新詮釋、全新定義，你的缺點弱點就會逆轉蛻變成優點強項，就能瞬間找到你沉睡的力量與潛能。

天命是一種同時兼具：
自信、勇氣、創造力、大愛的頻率
而不是特意尋找的工作

美國塞爾維亞裔發明家尼古拉・特斯拉（Nikola Tesla）說：「要找到宇宙的奧秘，就要以**能量**、**頻率**、**振動**來思考。

萬物都是由某種頻率振動的能量所組成的，以某種頻率振動的分子和原子，組合在一起會形成某種物質。」

天命是一種頻率，不是特定的一件事，我們只能用同樣的頻率路徑，到達相應頻率的目的地，這就是隨時保持覺察與修正的重要，這也是夢想方程式不變的法則。如果對於「天命是一種頻率而不是一件事」很難理解的話，就先把眼前每一件正在做的事都當成是天命之事，面對的每一個人都當成是天命之旅的貴人，自然就能把自己當下的頻率拉到天命層次——雖然這不一定是你頭頂的「直屬」命，但天命層是相通的，一樣可以平移到你的「直屬」天命。

廣義來說就是：沒有所謂天命的工作，只要自己喜歡什麼就成為新的聚焦頻率，以這個天命頻率來做眼前的事，即可成就「天命」。我舉一個大家都很熟悉的電影《穿著Prada的惡魔》（*The Devil Wears Prada*），想當作家的女主角在一家忙到很恐怖的雜誌社工作，如果她馬上辭職去寫作，或許就沒有職場上鮮活且引起共鳴的題材可以寫小說——當下的工作看似與她當作家的夢想相違背，但只要她把眼前的事，視為與自己想完成的天命之間有百分之百相關，與自己想做的天命有通道，就能以這個「既獨特又有創意的思維蟲洞」，量子跳躍到自己的天命。我自己也誤打誤撞地以這途徑通往自己的寫作天命：大學念廣告系，本來很想轉念文學，但我把廣告＋文學＝廣告文案，以寫詩的創作心態來寫每一篇廣告文案，於是寫出了自己的文青風格，也順勢累積成了自己的第一本書，這就是「條條道路通天命」的道理。

舉例來說，假如有人想當作家，但他目前的謀生工具是爸爸留給他的一輛計程車，如果他想的是：等賺到多少錢就可以退休去寫作，頂多利用業餘時間去上寫作班……這都是在線性平面思考的概念，無視於眼前這份工作帶給他在寫作班都沒有的新鮮靈感——他可以透過與乘客聊天，得到很多人的生活心情切片或是精采的人生情節，這些都可以化成洞悉人性的散文、新詩、歌詞、繪畫，或是分享感人故事的小說、電影、戲劇、直播內容……就看是誰在哪個工作崗位上。當他想成為作家，這股驅動力會自燃成天命頻率，無論他做什麼事、做任何一行都是帶著這個「作家頻率」去看、去思考、去做眼前的事，就像是點石成金的魔法，也像是鍊金術一樣，眼前每一個人事物都瞬間變成了「作家專屬配備」，在天命頻率投影下來的範圍全都變成天職，眼前的事全變成了喜歡的事，無一例外。

然後再往下投影出多元天賦圈：當他有了很多精采故事素材可分享，那股激情動力自然就會把內在加熱滾燙到「非寫不可、不寫會死」的沸點，於是寫作就自然而然完成，不大需要什麼文筆修辭，就像作者島田洋七寫的《佐賀的超級阿嬤》的動人故事：

當我小學三年級放學回家，書包還沒放下就嚷著:「阿嬤，好餓哦！」

可是家裡那天一定什麼都沒有，外婆冷不防回我一句：「是你神經過敏啦。」

窮極無聊的我嘀咕著：「幹什麼好呢？出去玩吧！」

外婆竟然對我說：「出去玩肚子會餓，睡覺吧！」

才下午四點半耶！但是天氣太冷，我乖乖鑽進被窩，不知不覺睡著了。

可是，晚上十一點半還是餓到醒過來，搖醒睡在旁邊的外婆：「我真的是肚子餓啦！」

這回她卻跟我說：「你在做夢！」

好不容易撐到天亮，心想終於可以吃早餐了，沒想到外婆竟然說：「早餐昨天不是吃過了嗎？趕快去上學，學校有午餐可以吃！」

島田洋七就這麼平鋪直敘、簡單地說著既好笑又心酸的故事，所以文筆好不好其實沒那麼重要，這就是天命瞬間投射出天職：作家；正因為「作家」是天職，所以這天職自帶天賦：寫作，這也是為何「校準天命」能一步到位，比到處斜槓找自己的天賦熱情有用，因為「天命」是一種同時兼具：自信、勇氣、創造力的頻率，而不是特意尋找的工作，其頻率與因不自信、慌張、焦慮，最後導致更茫然的頻率完全不同，就算去學了寫作技巧，但沒感動人的故事內容一樣無用，這就是：「因為找不到自己的價值／感覺自己無用→趕緊學這、學那來讓自己有用→學了以後不知道怎麼用→更感覺自己無用」的鬼打牆惡性循環。

天命層一箭中靶心
比斜槓相加更省時

當我們把維度拉到天命層來聚焦，就像射箭只需瞄準靶心，一箭穿心就能同時射穿所有的同心圓；這些多層次的同心圓如果拆分，就是一個又一個的斜槓，你若想各個擊破要花很多的時間，但一箭穿心就能瞬間完成。**所以啟動天命的第一個步驟就是：以天命的頻率與眼光，看到最核心、最優先要做的是什麼？**你把大部分時間、特別是閒暇時間花在茫然人生？逃避人生？消耗人生？享受人生？還是創造人生？……失之毫釐、差之千里，你聚焦在哪一個頻率，那相應版本就會被顯化出來，這就是形成每個人的人生最大貧富差距的主因。

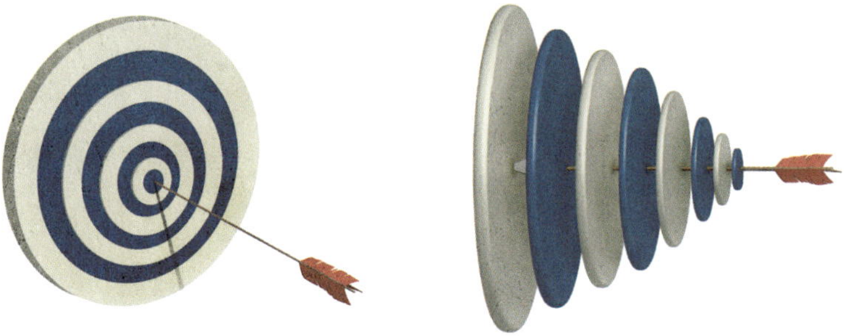

我們再舉剛才計程車司機為例，如果是線性思考，他會先努力開車存錢，等到錢存夠了才退休寫書；再高維一點就是：利用業餘時間去上寫作課，然後找媒體發表、再四處找出版社出版……他花了很多時間，一件一件地逐步完成，但如果在更高維層面來看，他在開車的「同時」透過他的眼觀察、透過心口與乘客交談，或是有時邊開車邊進行心中獨白、邊口述邊錄音，寫作的創作流也同步進行；等到他駕駛的工作完畢，只需回家把錄音轉成文字，稍微修改放到網路上引起大家閱讀興趣就行了，瀏覽閱讀量多了出版社自然會來找他。最經典的例子是送外賣的王計兵，他以〈趕時間的人〉這首

詩，寫出送外賣的心酸經歷，瀏覽量高達兩千萬：

「從空氣裡趕出風，從風裡趕出刀子，從骨頭裡趕出火，從火裡趕出水，趕時間的人沒有四季，只有一站和下一站……」

也就是說：其實不一定需要上寫作技巧課、找媒體、找出版社才能成為作家，有故事、有想法、有觀點、寫出足以啟發讀者、引起共鳴的文字放上網，分享出去感動許多人就行了；但如果因為擔心自己寫不好、擔心寫了沒人看、擔心寫了沒人出版、擔心出版後沒人買……種種的擔心就成了層層的阻礙，於是裹足不前待在原地，天命依然還是在天邊。

曾經有個學生問我：

「老師，我要怎樣才能順利考進傳播研究所？」

「你為何想考傳播研究所？」

「因為我想當記者！」

「為什麼你覺得當記者一定要去念研究所？是否有人沒去念研究所但也成為記者？」

「是有啦，但我不夠好，不去念研究所就沒人要錄取我……」

「你確定念完研究所，你就變好了？

你確定每個念完傳播學院研究所的人都能成為優秀的記者？

你確定每一位優秀記者都是念過傳播研究所？」

「……」他就沒話可說了。

其實我們內在早就有「天能：天生就有善於做某件事的能力」的種子，只要移除木馬程式的障礙，對接上天命之流，天賦力就能應聲開啟。如果一個人覺得自己不夠好，那是「看待自己」的源頭頻率出了問題，就算做任何努力、任何事都不會改變源頭頻率，除非他改變「自己不夠好」的想法，因為當一個人有自信，其實「做」或「不做什麼」都不會改變對自己的看法，但如果一個人認為自己不行，就算念了博士，頂多就是一個「不自信」的博士罷了，而且再多人稱讚他、羨慕他，他可能一時覺得自己很厲害，等到獨處沒人稱讚時、或是看到誰比他更優秀，那個「覺得自己不夠好」、甚至「覺得自己很糟」的心魔又會再出現。

我們回到那位要念傳播研究所當記者的男生為例，如果當記者真的是他很想做的事，他「現在」就可以直接去採訪他有興趣的題材，根本不需要學歷，只要他完成幾個影響世人觀點的深度採訪，完成心中的大願，就已經是最棒的記者了，至於他的作品之後有沒有得獎、有沒有新聞台找他當特約記者或是主播、有沒有傳播學院找他當老師都不重要，但機率一定比「因沒自信去念研究所→等念完研究所再去找電視台工作→做電視台要求做的採訪→自己想做的主題，電視台沒興趣→沒熱情之後，再跳槽到別家電視台繼續循環，或是離職做自己想做的採訪（回到第一次的建議）」還高出許多。

我在幫許多同學做天賦藍圖個案時，他們問我要不要現在離職去創業，我都會建議他們可以在不變動現況之下「平行」準備好所有創業的事，無論是資金或是計畫，平行試運作一段時間，直到比原來的本業更好時才考慮離職，甚至還可以與原來的公司聯盟合作，這就是用**高維思考的「聯合」**取代「**選擇**」的方法。

再舉另一個例子：有兩位攝影師，一位是以拍婚紗照、家庭照謀生的攝影師A，另一位攝影師B則到世界各地，以自己獨特的眼光拍出鮮明有故事感的經典照片。當B後來把作品出版成攝影集之後，他就變成了獨一無二的名攝影師，於是開出高價找他的客戶就變多了，B除了攝影集的版稅可拿、他的攝影圖庫可賣之外，還可以高價接商業、電影，或是舞台劇的專業攝影……他只要花很少的時間就能賺到極豐厚的金錢收入，富裕的生活讓他可以有更多時間與金錢去旅行，還可以邊旅行邊拍照，然後又再匯入攝影作品與圖庫中……如果B沒有金錢木馬程式（財務漏洞），那麼他會很快到達財務自由，他就更有時間與自主權去做自己喜歡的事，不會為了生計賺錢強迫自己花時間去接不喜歡的工作。相較起來，A經常得為五斗米折腰，於是兩人的差距越來越大：A的時間越來越少、錢增長得有限；B以才換財的效率越來越高、各方的資源與合作案進來無上限，這就是源源不絕的**天命動能模型**。

如果以燈塔為例，黑夜中茫茫大海，航行在海上的船只會看到燈塔光範圍內的人事物，各方的船都會往這方向靠近，相應的資源得來不費工夫，但隱藏在黑暗中的人事物就不容易被看見。所以我們應該**把百分之九十九的時間，用來拉高天命燈塔的高度與亮度**，一旦成為這個領域海岸線的主要燈塔，有了自己獨特的個人品牌、自己的天命之作、豐厚且精采的創作內容後，接下來就很容易順流自帶資源，不太需要再花很多時間去謀生，或是想辦法獲取關注或是資源流量——這與「一直幫自己身分後面加一堆斜槓」不是同一個概念，因為如果自己還沒建立核心，太多斜槓如同五馬分「施」，僅有的時間往各個方向耗盡之後，裡面就空空如也。

所謂的天命之作，對我而言就是我的第一本文案作品集《誠品副作用》，沒有這本書的出版，就沒有之後的我；對於高第、安藤忠雄、貝聿銘而言，他們第一個被世人廣為知曉的建築作品就是他們的天命之作，其共同特徵是：這個獨特的天命之作只要被看到，後面的資源就會瘋狂湧入，往後的人生就無限寬廣。

《牧羊少年的奇幻之旅》書中說過這一段：老人問牧羊少年為何想要當牧羊人？他說他想要旅行，老人說：廣場轉角有位麵包師傅也想要旅行，但他決定先買間麵包店，攢些錢在身邊。正因為麵包師傅的「生存焦慮」，讓他的旅行夢一直被困鎖在麵包店裡，可見麵包師傅有這樣的設定：「先做自己不喜歡做的事→賺錢謀生存→之後才能做自己喜歡的事」。其實很多人也有這種「先活命才有資格談天命」的信念，源自於原生家庭灌輸的「做自己喜歡的事養不活自己」的木馬程式，這是「天命」常見的bug，也在考驗究竟麵包師傅「比較怕活不了所以賺錢」還是「真的熱愛旅行」，如果他像牧羊少年那樣「非出門旅行不可」，他就會想辦法不透過「存錢」的方式直接去旅行，例如像電影《五星主廚快餐車》（*Chef*）那樣邊開餐車邊賺錢邊旅行也是可以的。如同老人對牧羊少年所說：「人在生命的任何階段，其實都有能力去完成他們的夢想，但『別人怎麼想』經常變得比自己的『天命』重要。」這就是許多人的天命被鎖在「別人眼光」中很久都難出困的原因。

金錢與科技都會放大人性中原本就有的部分：當這個人內在有恐懼、恐慌、焦慮，一旦金錢越多，或是科技越厲害，其恐懼、恐慌、焦慮就會跟著放大負面影響力。二〇一九年迪士尼電影《阿拉丁》（*Aladdin*）裡有一幕：當阿拉丁被綁架者推進洞穴裡，他被要求絕對不可碰滿坑滿谷炫目的金銀財寶，必須忽略周圍的誘惑，專心拿到神燈——這是很棒的隱喻，很多人身處在寶庫中貪婪地忙著拿東拿西，卻忽略內藏有更大可能性的神燈才是最優先要聚焦的，這也是天命的概念。換個角度思考，只要覺察到自己又跑出「這樣做別人會怎麼想」的雜訊時，如果把今天當成是人生最後一天來過，你還會浪費寶貴的生命時間去擔心別人的看法嗎？

天命天賦茫然的三大木馬模組：

在我做過數百個學員們天命天賦藍圖個案後，我發現困擾大部分人的障礙有以下三大類負向木馬程式：

類別一：興趣太多，不知怎麼選擇

問：我覺得我找不到人生方向，好像什麼都有興趣，我該選哪一個？

我問：小時候是誰在給你管控的意見，要你做這做那的，讓你很難有自己的意見？

答：有的說是爸爸、有的說是媽媽、有的說是爺爺奶奶、有的說是老師……

我：所以你要做自己的再生父母，自己的智慧導師，開始獨立過你的第二人生，從現在開始由你來選擇你想要做的，由你決定一切，你說了算，不要再問別人意見了！

類別二：不知道自己的天賦使命為何

問：我覺得我找不到人生方向，做什麼好像都「沒很大的興趣」，我該怎麼辦？

我問：小時候是誰在給你管控的意見，要你做這、做那的，讓你很難有自己的意見？

答：有的說是爸爸、有的說是媽媽、有的說是爺爺奶奶、有的說是老師……

我：小時候你有沒有正在做自己喜歡的事，然後被突然打斷，要你去做功課或是去學習？

答：有。

我：請你去找一本空白筆記本，回想一下從出生到現在，你曾經喜歡什麼，但後來中斷了，或是沒機會嘗試？請都記錄下來，從現在開始，每一天都去尋找自己喜歡什麼，隨時記錄下來，這叫做「成人抓周」，至少連續十天，十天之後整理一下這些「尋夢」筆記，看大多是指向哪個項目或類別，就從那裡開始凝聚你喜歡的事，這或許就是你被打壓的天賦，然後想辦法開啟這個天賦，不論是畫畫、跳舞、音樂、唱歌……都行，但非常重要的是，一定要堅持每天抽時間給自己進行這個天賦，絕對不要中斷，至少持續二十一天完全不間斷，最好能持續三個月——不間斷，才能改變「你被打斷、所以以後你就成為自己打斷自己的人」的木馬模組。

類別三：要選賺錢的工作，還是我有興趣的工作？

問：請問我是要選擇有錢的工作（或公務員），還是我有興趣的工作？

我問：自小至今，是否有「生存焦慮」？很怕養不活自己？

答：有，有的會說是爸爸，有的會說是媽媽。

我：事實是，你可以做你喜歡的事，一樣可以豐盛，但你不信任自己有這能力，這就是不自信模組。你如果選擇你不喜歡但有錢的工作，久了一樣沒有熱情，就算有錢也不會有真正的成就感。就像電影《靈魂急轉彎》（*Soul*），爵士女樂手桃樂絲只做她喜歡的事也活得很豐盛，但爵士樂鋼琴手覺得自己無法只靠爵士樂謀生，所以花最多時間去做他不喜歡的工作：教書。

所以你要先建好自己的自信地基，重新設定：「自己喜歡做的事，會比做自己不喜歡的事帶來更多的豐盛」，你可以上網找許多「做他們自己喜歡的事，收入更豐盛」的範例，你就會改變信念，進而改變你的命運，會為你省下去做自己不喜歡的事的時間，卻又能因為你極大的熱情投注在做你喜歡的事，於是你比其他沒熱情的人更有動力與成就感。

所以請大家盡速清理上述常見的天命天賦的負向木馬印記，並隨時問自己以下這些關於天命天賦的問句：

（1）寫出你找不到天命天賦、或是很難完成天命天賦的理由，從中找到夢想雜質的木馬。

（2）寫出從小到大，自己曾經以及現在喜歡做什麼？整理出你在天命天賦預視冥想中所寫下來的關鍵字，然後初步找出你可能的天命之事。

（3）根據這個天命之事，請預寫出天命完成時的感謝詞。

（4）請記錄你以天命頻率度過今天時的意外發現。

升維：是從「迷宮裡」到「迷宮上」之別
天命維度一眼洞察、立即行動、省時高效

很多人想解決「時間不夠用」的問題，其實時間夠不夠用，跟我們的維度百分之百相關，如果維度夠高，就能用很短的時間完成所有的事，就像從A到B，搭飛機、高鐵、汽車、機車、自行車、走路……所花的時間就不同，與我們的速率有關。

為什麼聚焦在「天命」的維度會省時間呢？舉一個數學的例子：如果要你算出 1 + 2 + 3…… + 99 + 100 是多少，倘若你一個數字一個數字加，不僅加很久，而且出錯機率很高；但如果你退後五步拉開距離，或是從上往下看這個算式，就會發現只要將最左的數字加上最右的數字，然後對半，三個步驟就能得出答案：

三個步驟：1 ＋ 100=101，2 ＋ 99=101

然後將 100÷2=50

101×50=5050

在高維的視野中，只要三個步驟就能得到正確答案，論時間、出錯率都比原來線性相加少得許多，這就是**升維縮時法**。如果我們先以「高維」的角度，看到完成天命的三個步驟（或是少於三個步驟），然後集中生命能量放在這幾個步驟，時間放在哪裡，哪裡就會茁壯，就相當於拿放大鏡聚焦太陽光到紙上的那一點，那裡很快就會燃起來。換另一個角度看，如果全心聚焦在自己的天命上，這天命會自帶信心、信任、勇氣、眼光、決心、專注力、行動力……等正向頻率，那麼負向的頻率：擔憂生存的恐懼、不自信、害怕、分心、拖延症……就不復存在。也就是說，在天命的頻率之下沒有「拖延」的可能，因為天命帶有「立即行動」的頻率，所以高效，省去許多人生鬼打牆的生命時間，就像著名的格拉肖共鳴實驗：當外界傳入的振動頻率，恰巧等於杯子的自然振動頻率，就能引發振動厲害的共鳴現象，足夠的能量加上相符的頻率，就可以讓杯子瞬間碎裂。

升維是從「迷宮裡」到「迷宮上」之別

在全球擁有數千萬粉絲的網紅李子柒，她只是專心地把自給自足、簡樸簡單的日常生活過成極美的詩意，然後把影片放上網：「桃花開，她採來釀成桃花酒；枇杷熟，她摘來製成枇杷冰；柿子紅了，她拿來晾乾做柿餅；酸棗掉滿地，她拾來做酸棗糕；剩下的葡萄皮，她拿來染成紫烟輕紗薄裙子……」她漂亮地活出自己的美學生態，就吸引全球所有嚮往自然生活的人關注她，她完全不必煩惱網路流量如何增長、不必研究如何經營社群、不必特別經營她的品牌、產品與知名度……當她活出「自帶天命、本自具足」的狀態，做了「拍成影片放上網」的關鍵步驟之後，流量、資源、資金自動一步到位，毫不費力，於是千百萬個瑣碎的事就瞬間全省了，這就是天助人助自助者「心誠事享」的秘密。

如果你已經知道你的天命是什麼，現在就去做，直接鎖定你想完成、而且是你有把握可完成的最大目標去計畫與行動，不一定要把我給你建議的大未來放在你現階段的計畫，但心中要有那個具有影響力的願景在心中，成為你帶光的 GPS 導航系統。

辨認天命 vs. 欲望

很多人常辨別不出「欲望」與「天命」之別，經常把這兩者都納進「夢想」的大概念之下，殊不知這兩個頻率有著天壤之別：

(1)「天命」是不管成不成功、別人認不認可都會去做的

不會因為沒名沒錢就不做，也不會因為突然有錢了就不做。就像美籍韓裔塗鴉畫家崔大衛（David Choe），應臉書之邀彩繪辦公室內部壁畫，臉書讓崔大衛自選是拿數千美元，還是和這筆酬勞等值的股票，他當時雖然認為臉書沒前途，但還是選了股票；等臉書上市後，他的持股值兩億美元。當記者問他突然暴富之後生活有什麼不同，他說他還是繼續畫畫，只是打擾他的人變多了。

但欲望往往帶著「要看起來比別人更好」的競爭意識，追求的正是名與利，一旦沒名沒錢，就會開始盤算是否還要繼續；或是一旦突然變成有名有錢了，也就沒動力再繼續，花錢享樂去了。就如同知名小說改編成電影的《蜜蜂與遠雷》（*Listen to the Universe*）裡的劇情：無論鋼琴競賽是贏了還是輸了，他們還會繼續彈琴嗎？

我們可以用以下幾個問題來問自己：

如果中了樂透頭彩，你的這個「夢想」還會繼續嗎？你想拿這些錢做什麼？

如果現在身無分文，你現在還會繼續完成你的夢想嗎？
如果這夢想不是透過錢才能完成，你有什麼創意或創造的方法來完成它？
這個夢想若完成了，你最想讓誰知道？如果沒人知道會怎樣？

以這些問題來分辨自己是在「天命」之道，還是「欲望」之途。

（2）「天命」就算是手上沒半個資源，光是想到就興奮了然後會以「現況」創造出資源

天命就是非做不可，誰也攔不住的氣勢。例如：已故籃球明星柯比・布萊恩小時候沒錢買籃球，但他因為太熱愛籃球，看著電視上的籃球賽，他看的不是籃球明星，而是未來的自己，所以他根本沒等到自己有籃球才去練，直接拿起手邊現成的襪子揉成球狀，對著垃圾桶練習投籃；他也不在乎以後能不能打進 NBA、以後能不能以打籃球賺錢，在《親愛的籃球》紀錄片中，柯比・布萊恩告訴我們，小時候以襪子投垃圾桶的自己，與後來投進逆轉勝那一球的熱情是一樣的，也可以說就是他小時候對籃球狂熱的 GPS，一路帶領他打進

NBA 冠軍賽，就算受傷、失敗都不會阻礙他，就算周圍有人歡呼或是有人噓聲也都打擾不到他，彷彿他的身體與籃球已經共構成無可分裂的生命共同體了——如果你對眼前想做的事還在等時間、等貴人、等金主、等資源……那麼這個「等待××」的依賴，就是你與天命之間的障礙。

二〇二〇年還有幾個「天命」的典範是：十一歲奈及利亞男孩安東尼（Anthony Mmesoma Madu）在雨中泥地忘我地跳芭蕾的影片被上傳後，美國芭蕾舞劇院舞團則以全額獎學金和專業課程，邀請安東尼赴美接受頂尖訓練；Netfilx《后翼棄兵》影集中，女主角在孤兒院裡連個西洋棋盤都沒有，但她對著天花板就能投影出棋局來——正如《如何跟隨自己的熱情和喜悅》影片中提到：「如果你認為自己沒有資源去做想做的事，表示你對於豐足的定義受到限制，而這個限制性的信念會令你在生活中經驗到限制。舉一位婦女的例子：她最大的喜悅就只是給她的孩子們講故事，她的故事講得生動有趣，具有豐富的想像力和創造性，於是她的孩子們就邀請了他們的朋友一起來聽媽媽講故事，並都被深深吸引住了，然後孩子們開始邀請他們的父母來聽這些故事，接著父母們也被這些精采的故事敘述迷住了，漸漸地為了邀請她來家裡給孩子講故事，父母們開始付錢給她，後來她就以講故事為生了。」──她只是不計代價地盛情投入喜悅和興奮，引領她去做自己熱愛的事「講故事」，感動了很多人之後，於是豐盛的機遇、資源都流向了她。但是如果她的信念系統告訴她「講故事有什麼用呢？又賺不到錢」，那麼她自然就失去熱情了。

可見天命絕對不是「要先有錢才能完成」的，基本上「天命」跟有沒有錢一點關係也沒有，天命自帶財庫，所以不必把「錢」擋在自己與天命之間──我們所認知的受限現實與無限潛能之間，就是精采的天命之旅。

（3）天命只要一啟動，就捨不得、也不會想要退休

在許多藝術家、作家、運動員、米其林主廚……的傳記電影中，都可以看到他／她們非常熱愛、專注、創意完成自己所做的事，共同點都是：「別人是退休後做自己喜歡的事，我現在就在做自己喜歡的事，所以不必退休。」大家可以看看這些活在天命者的傳記、紀錄片、或是電影，例如：薇薇安．魏斯伍德（Vivienne Westwood）紀錄片《龐克時尚教母》（*Westwood：Punk, Icon, Activist*）、《鬥牛犬：米其林帝國》（*Constructing Albert*）、Netfilx《黑

白大廚》、《特斯拉與愛迪生》、《米開朗基羅：無盡之詩》（*Michelangelo-Endless*）、墨西哥超現實主義畫家芙烈達．卡蘿（Frida）傳記電影《揮灑烈愛》、行為藝術家瑪莉娜．阿布拉莫維奇（Marina Abramović）的紀錄片《凝視瑪莉娜》（*Marina Abramović：The Artist Is Present*）、《高第聖家堂》（*Sagrada-The Mystery of Creation*）、徐四金《香水》、《一個巨星的誕生》（*A Star Is Born*）……建議把自己代入影片主角本身去感受那種不會對外在妥協、無人能擋、越挫越勇、自信自負、也非常有野心地去完成自己想做的事，就算到了成功巔峰、得到再多榮耀、賺得再多錢也不會停止，只要停止就等於死亡，所以不可能有想退休的念頭，更不願意複製自己的成功，眼前永遠只有未完成的作品，有助於我們平移成對自己熱愛的天賦之事全力以赴。

但欲望是：「得到」某樣東西、享受了某件事，那種興奮與滿足只維持很短時間後就消失了，感到空虛的落差之後，又會想再去欲求個什麼的上癮感，與天命的差別在於：天命是創造出「從無到有、獨一無二」作品成就感，所帶來近乎信仰般的狂熱興奮——用更具象的比喻就是：搶到限量名牌包是欲望，但創造出獨一無二的包包則是天命。

在平常生活中如何辨識出天命
進而對準天命頻率、實踐天命

對準天命頻率絕對是第一優先的。但是天命頻率該怎麼找呢？大家可以在許多英雄漫威電影裡有各式各樣的模板可參考。我先從《牧羊少年奇幻之旅》與幾部知名的電影中，簡單整理出幾個「找天命」的途徑，包括：

（1）**天命一定是從小時候就不停地召喚你**，只是你還沒辨認出來：當你一認出來，就可以往過去回溯出一連串的徵兆軌跡。《水行俠》小時候媽媽就拿三叉形狀的叉子餵他吃東西，直到他後來拿到天命的三叉戟為止，三叉戟的線索從來沒斷過。

當你從「而立」、「不惑」，進到「知天命」的時候，就能看見三叉戟了，而且一旦你看到了，就永遠無法逆轉，也就是說你不可能假裝你沒看到過。但如果你還沒調到天命頻率，就算三叉戟在你面前，你都不知道那是什麼東西、跟你有什麼關聯。有些人遇到千載難逢的機會卻說：「我還沒有準備好。」其實是被自己內在恐懼、懷疑、不自信的木馬程式擋住了，因為機會不是你

「覺得準備好了」才出現。當《水行俠》拿到三叉戟之後，整個人瞬間改變了，從身體到表情彷彿換成了一個「英雄版」的自己，彷彿天命密碼老早就刻在生命藍圖的DNA裡，如同電影《水行俠》的這段天命宣言：「國王是征服敵人，英雄是征服自己；國王是有國界的，但英雄沒有。」——人有兩次出生，第二次是在你拿到天命三叉戟之後瞬間覺醒，才開始你的量子人生！這就是做為自己生命鍊金師的偉大之處。

在選秀節目裡，那些不起眼的素人，例如手機業務員Paul Potts，他一對著麥克風唱起〈公主徹夜未眠〉的氣場就非常不一樣，超級自信威猛、聲音高亢嘹亮，因為麥克風就是他的天命三叉戟；同理可證，對於作家而言，筆就是他的天命三叉戟；對於畫家來說，畫筆就是他的天命三叉戟；對於雕刻家來說，雕刻刀就是他的天命三叉戟……當你與你的天命三叉戟合體，你就是天命本身，瞬間就處在無所不能的狀態，你不會去想「做這個會不會賺錢？」，你光在天命狀態就非常狂喜了，這也是《原子習慣》裡提到的：「當你愛上過程，就不必等到獲得自己的許可才能快樂，只要系統有在運作，你隨時都能感到滿足」。

《牧羊少年奇幻之旅》裡的老人跟牧羊少年說：「你必須要會解讀並遵從預兆，才能發現寶藏」，如果你留心周圍的啟示，夢想的閃燈會對你拚命眨眼從來沒停過，直到你終於抬頭看見了它、臣服於它、並且完成了它為止。有趣的是，當你越逃避、越抗拒，這個夢想閃燈就會更強、更刺眼到你無處可逃，這就是天命之宿命，孫悟空逃不出如來佛的手掌心。所以你可以從每天莫名其妙被吸引的事物開始記錄起，或是去發現你喜歡的事，連續記錄七天之後，選其中「最大、而且可以涵蓋其他你也喜歡的小項目」的那件事先做，在日常生活中發現早已藏在你周圍的「天命」。

(2) **從自己的疑惑點開始進去探索：**《牧羊少年奇幻之旅》就是很好的示範，如何從自己的疑惑未知，一路探索到已知，這條路徑就是天命之旅。

(3) **從大家都走的反方向去找天命：**電影《一級玩家》就是以逆向將賽車高速倒退的方式通關，這就是跳出競爭者框限，直接對準「刁難大多數人的遊戲設計者」之思維。正所謂解鈴仍需繫鈴人，如果你以遊戲設計者的角色來思考，你絕不會把通關密道放在最多人走的路上。所以要破關最好的方式，就是往大家都去的反方向，或是往大家都沒想過的路去試——我們可以大量參看各領域頂尖但反骨的優秀者，找到他們異於常人的觀點或是抉擇點，來作為突破我們限制性信念的轉念指南。

（4）**從你最害怕、最恐懼的地方進去：**天命往往就藏在你不願面對的生命幽暗處，但你能不能直面內心最害怕的地方，找到這些寶藏呢？如果你認為自己不夠好，逃避自己的黑暗面，努力向外逃到別人家去借光明，讓自己看起來光鮮亮麗，但在別人家裡再強的光芒也一樣找不到你家裡的寶藏。

電影《水行俠》就是一個例子，男主角得進到他不想去的恐怖海溝國才能完成他的天命，而這天命就藏在黑暗深淵裡，他得跳進海中找到那一丁點微弱光明光線出口，穿過水幕無懼地直見怪獸，他的天命三叉戟就在裡面。如果我們是自己生命遊戲的設計者，闖關之前一定會安排各種怪獸擋道激起我們的鬥志，破關方法就是大無畏地往自己最深的恐懼走進去就對了，「雖千萬人吾往矣」那樣的勇氣，像是毛毛蟲鑽出黑暗之蛹後就是更自由的蝴蝶了，這就是在大自然裡各種鮮活的天命教典。

（5）直接面對你討厭、或是害怕的人事物，然後穿越：我們討厭的人事物背後有時也藏有天命寶庫，只是被自己的「討厭」屏蔽了我們往內探索的動機與勇氣，而且「厭惡」與「排斥」的頻率也與天命頻率:「信任」、「勇氣」不相符，所以直接面對自己討厭的，或是害怕的人事物，往往是通往天命的捷徑，而且可以省下「因躲避課題繞了幾圈彎路、最終還是要回來面對」的時間。

舉自己的例子來說，小時候我很怕人，很不愛跟人說話，而且我很討厭在別人面前自我介紹，想當然我的人際關係、工作關係一定也好不到哪去，就算我再有才華，別人也不會想把機會引介給我，會覺得我很難搞、很麻煩。後來我從原生家庭以及童年中找出恐懼印記的源頭，讓自己先轉為自信，沒有什麼害怕別人看到的缺點，於是才能放開來活出天命。

我經常看到很多有才華的人，遇到可以上台面對群眾、發表自己的機會往往畏畏縮縮，怕別人批評，殊不知極有可能把小時候父母對於自己或是對作品的批評，內化成了制式的反應模組：「自己做得不夠好，發表出來一定會被批評」，那麼天命與自己之間，永遠都會被這個模組擋住，唯有面對課題→穿透恐懼→洞悉屏障→破解負向模組→重建正向連結，才有可能將命運版本轉向。

舉個相應的例子：以前我有個一起去印度修行的朋友，她說她很怕蛇，後來老師跟她說：蛇對於印度人而言是濕婆神的保護者，喜歡濕婆神的她突然就不怕了，她瞬間轉念把蛇視為保護動物，克服了恐懼，把威脅轉變成了護法神力——你可以寫下你害怕的、或是不喜歡的人事物，然後以最快的速度找到其正向、信任、有力量的新詮釋，用這個頻率來重新聚焦，這就相當於從太極圖裡的黑面中，找到穿越到白面的魚眼蟲洞，這也是轉換到天命的意識旋轉門。

（6）天命之路只有貴人，沒有敵人：《地球朝聖者》提到：「當蜜蜂從一朵花飛向另一朵花，在這兒採一些，在那兒採一些，但從來不會採太多，也不曾有哪朵花抱怨說牠們採走了自己太多花蜜」。這對我們揭示的是：升維不會減損原維度人們的資源，正因為大家都可以比原來更好，無人因此受損，所以當我們在大家共好的天命境界時，最大的徵兆就是原來的競爭者、敵人、仇人，全變成了臣服者、追隨者、知音、合夥人，或者我們也可以解釋成：「降維：錯把貴人視為仇人；升維：把仇人轉化成貴人」，就像貝多芬一發表《快樂頌》，瞬間感動了所有瞧不起他、討厭他、準備看他好戲的人；徐四金《香水》裡的劊子手也被製香師香水的氣味感動到痛哭流涕；為《水行俠》做貼身特訓的人也正是敵營來暗中幫忙的高手，所以天命輻射下來的路上只有貴人，沒有敵人或是競爭者，全世界所有人都會無條件支持你，這就是天命的頻率，大家可以搜看電影《皮諾丘的奇幻之旅》、《尋龍使者：拉雅》來協助你了解這個概念。

如何延續天命之火？

找到天命不難，但很多人是被「自己不夠好、自己不行」的心魔，滅了好不容易升起的天命之火，所以我建議每天固定找一個不被打擾的一到兩小時，這就是你每天的「天命時段」，在這段時間之內關電話、關手機，全心進行你的天命之事，無論如何自己或別人都不能中斷。

舉例來說，如果寫作是你的天命，首先不要讓任何人知道你正在進行這件天命之事，這樣純淨的天命之事才不會有雜音雜質；接下來你要每天空出一到兩小時寫作時間，並找一個安靜的空間全心書寫，讓寫作心流一洩千里地流進你的文本之中，一旦途中出現「寫這個什麼爛東西？寫這些有人看嗎？應該沒人出版吧……」的聲音時，記得一定要克服「覺得自己不夠好、自己不行」的心魔，請這位心魔離開你的房間，然後你再繼續寫作就好——就這樣持續二十一天不間斷，直到這個新習慣、新頻率取代舊的頻率，最好能持續三個月以上，這樣就能夠延續天命之火的動能爐，直到完成一個具體的項目、作品或目標為止，不再輕易被你或是身邊的人熄滅，這就是下圖的概念：先有關起門來專心完成的紀律自律，然後臣服於上天來的直覺靈感，中間的交集就是「創作之流」的宣洩出口。如果我們來改寫一個慣用語，那就會是「不是盡人事之後才聽天命，而是先聽到天命後才去盡人事」，這完全取決於頻率的差異。

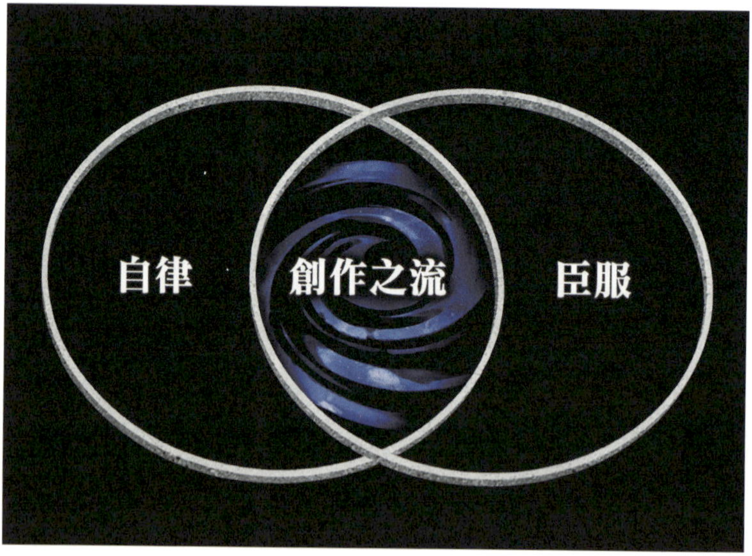

概念出自 Jain 108 Academy

從現在開始每一天都要做的功課是：記錄新聞或網路上關於科技的最新發展，以及未來的生活趨勢，然後思考並記下：如果這項科技一旦普及，一旦這個新生活趨勢開始全面影響每一個人，對於現在你的專業工作有怎樣的影響？對於未來你與大家的生活會有怎樣的影響？然後根據這些記錄來凝聚成形你的新天命新天賦。

找到自己的「天命」典範人物

我跟大家分享一部非常「天命」的電影《自然就樹美》，這是一位從小立志要當林務員的德國人彼得渥雷本（Peter Wohlleben），平時就非常喜歡研究樹木森林生態；當他進入林務局工作，發現裡面的人都在規劃要砍伐哪幾片森林，然後規劃在哪些地方重新造林，他覺得他是來保護森林的，不是來破壞森林的，他在體制內溝通很久，但是同事們還是堅持為了經濟仍必須要繼續大面積伐木，所以就辭職去當了森林導覽解說員——他講解得非常好，但遇到每一團他都要講一遍，於是有許多人給他建議：你講得真的非常好，怎麼不寫成書？他說：我又不是作家，我不會寫……彼得渥雷本的太太經常在他旁邊催他寫書，在這部紀錄電影《自然就樹美》中他是這麼說的：「我心想，等我寫出來之後，就不必再聽太太嘮叨碎念、聽大家催書稿了。」於是他終於動筆寫了他的第一本書《樹的祕密生命》(*Das geheime Leben der Bäume*),他在書中舉出原始林與人造林的差別:

(1)山毛櫸:大樹會輸液給小樹,若是同齡的人造林則無法做到這點
(2)每一把土的生物比人類數量還多
(3)人造林無法複製原始森林生態
(4)原始森林才能保護地球的氣候生態

彼得渥雷本非常專業,在書、在電影中講述他的研究、發現,以及呼籲,其生動優美的自然書寫風格,讓世人以全新且深度的觀點看待原始森林,也喚醒大眾對森林保育的重視,沒想到這本書一出版就爆紅,蟬聯德國四十週暢銷榜冠軍,翻譯成超過二十個語言,在他出第一本書之後,陸續又寫了十五本書,帶來更多演講、採訪邀約,書被拍成影片後造成德國人、甚至全球各地更大範圍的人們推行保護原始林的運動,讓他獲得國際專注——這就是一本書、一個作家的影響力量,雖然他並非文學系出身,但他有很強大想要宣揚的觀點,寫出來自然就是作家,這就是很量子跳躍的概念。

此外，大家還可以看伊隆·馬斯克的《鋼鐵人》、《馬斯克傳》，以及他的紀錄片《重返太空》，過去他所面臨過的好幾次重大失敗，每一步都離他的天命夢想：送人類上火星越來越接近——這些知名人物的夢想，不會被外在局勢、眼前被成敗所改變，建議大家可以開始搜尋自己心目中天命典範人物的傳記、紀錄片、影片、新聞、媒體採訪……研究並記錄這些「典範人物」如何找到並全力發展出自己無可被取代的天賦光芒？例如：伊隆·馬斯克、泰勒絲、安藤忠雄、全虹嬋……可以邊看邊記下的這個人生命中重要的關鍵點、轉折點、關鍵事件、關鍵思維、關鍵行動，找到靈感線索來發展自己的天命天賦，並且全力以赴，以做為自己開展天命之旅的參考。

當你找到你的天命，建立並完成你的專業體系之時，「同時」把過程記錄下來就是寫成書的素材，所謂的天命就是現在要把未來要做的事，提前到現在「一起」準備好，像是你有了五層樓的結構，你同時內部裝修五層樓，而非一層樓一層樓裝修，比方你在市集看到一盞燈，你可以想一下這燈放在哪一層：是專業版的自己？講師版的自己？作家版的自己？顧問版的自己？企業家版的自己？不同版本的自己是同步建立的，也就是說，同樣的時間，別人在謀生，但你同時建立多維度、有高度、有深度、有可見度的自己。

所以請大家不要只是抱著「我要成名、我要大家佩服我、羨慕我、我要證明自己很厲害的心態」來找天命，要調整成「要找出我很想跟全世界講、分享給全世界人我在做的有意義的事」，如果你覺得一開始找不到這麼偉大的天命天賦動機，也可以調整成「我想找到一件：現在的我，羨慕未來的我已經完成的重要之事。」所以每天可以練習想像一下：如果未來有一個偉大的、有巨大影響力的你，那會是個怎樣的你？你所完成的那件最關鍵的使命是什麼？

瑣碎的時間你拿來做什麼？
就知道你離天命的沸點還有多遠！

我們平常有無數個會令我們分心的人事物，手機、網路就是現代人最大的誘惑，全天清醒的時間就被手機訊息、新聞、短視頻……各種跟自己天命無關的訊息占滿，當然就沒有可以完整完成天命的時間。

下次我們在坐地鐵、坐公車時可以觀察一下，大家都對著手機做什麼？有的人追劇、有的人在聊天、有的人在玩遊戲、有的人在滑新聞……透過手機看電子書、聽音樂、書寫的人少之又少，更別說拿著紙本書的人，這也就是大部分人茫然、離天命夢想越來越遠的原因，因為寶貴的生命時間都被鯨吞蠶食、瓜分殆盡——我們要自問的是：我們都拿瑣碎的時間，例如等車、等人時……做什麼？從這答案就可以知道我們聚焦在天命的力度有多少？也可以知道我們離天命的「沸點」還有多遠？

有的人在等存到足夠的錢、累積到足夠的條件才能去做自己喜歡的事，有的人覺得要有閒暇時間才能去追尋夢想，但現在就開始行動才是校準頻率——你怎麼利用時間，你的天命燈塔就有多高多亮，也決定著未來的錢與資源將會是你辛苦追的、還是它們自己流進來的。很多人到生命最終點時才發現，自己很多事、很多夢想都還沒完成，這就是平時不把「當下」視為最重要的時刻，一再分心、一再錯過眼前寶貴的時間。

我自己也是，在三十年前還沒有智慧型手機時，大部分的時間都用在看書、反思、創作、旅行、閉關，是我創造力最旺盛的時期；現在有了智慧型手機之後，只要一拿起手機，滑一下新聞或是影片，時間就不知不覺流光了，所以我就問自己：如果人生就在今年結束了，自己還有「哪一件事」沒做會很遺憾？請注意，是「一件事」，而不是很多事，但如果你真的有很多待完成「夢想清單」也沒關係，可以拿出一張紙，把所有待圓的夢都盡情地列出來，列完之後，找一支紅色的筆，圈出三件「非做不可、如果不做或是沒完成會很遺憾的事」，然後看著這三件事，想一下，如果把今年視為人生的最後一年，要最優先選做哪一件事，人生才不會遺憾？把碎片化的「夢想清單」淬鍊升維、全然凝聚成一件完整的「不遺憾之事」，並把每天最不被打擾的清醒時間留下來優先完成它，如此你就能快速到達人生無憾之巔峰，而且這件天命之事一完成，往往會帶來意想不到的資源，這就是《原子習慣》提到的概念：「如果每天都能進步百分之一，持續一年，最後你會進步三十七倍。」所以今年就是你完成天命的關鍵之年！

在此公開自己經驗三十年的「聚焦天命時間管理表」供各位參考，你們可以根據自己實際狀況來調整，或是重新為自己定製：

【月計畫】

當你把這件天命之事找出來，並設定好完成日，
接下來就是往前推列每個月該完成什麼？
然後列入月計畫中。

月份	西元　　年
1	
2	
3	
4	
5	
6	
7	
8	
9	
10	
11	
12	

【週計畫】

接下來再把每月該完成的計畫，再拆分成逐週計畫。
我的方式是將週六做為週計畫的第一天，
週日做為第二天，
因為這兩天是我比較空閒且不被打擾的時間，
所以該週必完成的計畫，
我通常會提前在週六、日做完，
這樣在接下來的週一到週五，
我就有空的時間可以充電、放鬆、聚會、開會……
或是可以臨時安插一些新計畫進來，
如此我既可兼顧自己的天命，
也不至於時間全滿到無法容納突然降臨的機會。

六	日	一	二	三	四	五

【日計畫】

當週計畫排定之後，落實細項到日計畫就非常重要。
我把一天最初不被打擾的時間，留給**必完成項目**；
然後要**出門待辦**的事則彙整在一起，
出門一趟就完成，
而不是想到要買個什麼、交個什麼費用、
或是要做個什麼事就連出門三次，
這樣時間才能化零為整；
至於**零碎時間做瑣碎的事**：比方要去追某件事的進度、
或是有什麼網路課程待聽⋯⋯
都可以在坐地鐵、或是等人等車等餐的零碎時間完成，
這樣就不會占用到我們主要完成天命項目的完整時段。

____月 ____日 週____			
	必完成項目	出門待辦	零碎時間做瑣碎的事
上午	我會在清晨起來，把當天該完成的重要計畫在早上九點前完成，因為九點前是最不會被打擾的時段。	我會把要出門辦的事陸續寫在此，等到要出門時再安排路線一趟路來回就完成。	如果有等候什麼、排隊、或是在車上的零碎時間，我通常會用手機連繫工作事務。
	運動		
	次辦項目	出門待辦	零碎時間做瑣碎的事
中午／下午	當天若有電影、或是與人見面、或是會議，就會排在下午。	同上（盡量都集中成一天一次）	同上（盡量都集中成一天一次）
晚上	泡澡＋敷臉 看書＋運動		

這幾張「聚焦天命時間管理表」，就是在第九十二頁圖中的「自律」之落實。

畫出你的第一張「聚焦天命圖」的方法：

剛才提到如何從夢想清單中圈出「不遺憾之事」，現在我們再升維，以更大的想像力擴充出更廣的「聚焦天命圖」。

我曾在十多個城市，帶領數千位同學現場畫出自己的「天命聚焦圖」，你們也可以準備四張 A4 紙貼成一大張，或是去買一張大海報紙橫放如下：

然後選放一首讓你感到放鬆且自由飛翔的音樂，想像你頭頂伸長了一根天線，或是想像你連上了繆思女神的靈感雲端，緊隨著音樂像接靈感瀑布流般寫下你喜歡的事物，想到什麼就寫什麼，或是感覺到什麼就寫什麼，不要用頭腦分析，信任這些靈感都是真實可用的，如果可以戴上眼罩盲寫的話就能更專心——啟動內在心像是很重要的，藝術家、音樂家、建築師也是先看到未來作品全貌，才逐一落實、顯化

到這個世界。等音樂結束，而你也沒有什麼可寫時，才摘下眼罩，看一下你寫了哪些。示範如下：

以【圖一：興趣放射圖】為例，你先向各方向發射出你的興趣，完成後，俯瞰整張圖並收網找出一個能涵蓋其他各項的詞，例如【圖一】中的「電影」這個詞，就可以包含所有的項目：旅行、音樂、跳舞、繪畫、天文學、量子物理學、冥想、看書、寫作，於是【圖二：收網找到核心天命之事】就完成了。也就是說，如果集中精力只做一件事，就先把這個涵蓋所有興趣的故事劇本完成，然後變成一部自己的天命之作，邊創作、邊學習（因電影劇本所需，去學習相應的知識）、邊啟動相應的潛在天賦，把時間集中火力聚焦成為燃點沸點！

【圖一：興趣放射圖】

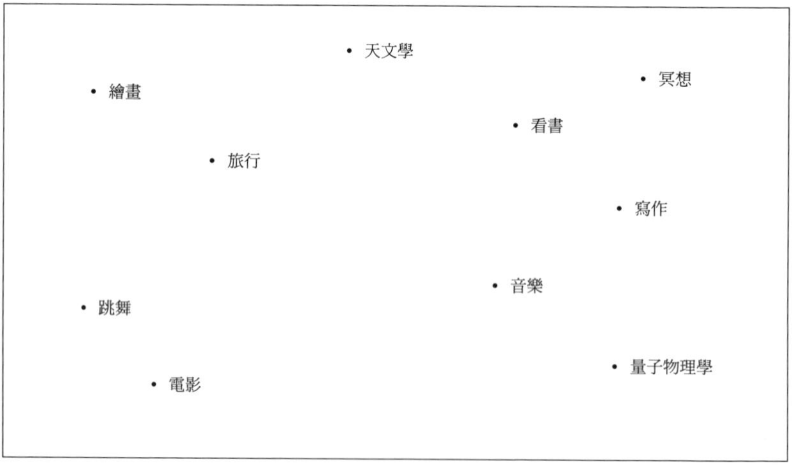
天文學
冥想
繪畫
看書
旅行
寫作
音樂
跳舞
量子物理學
電影

【圖二：收網找到核心天命之事】

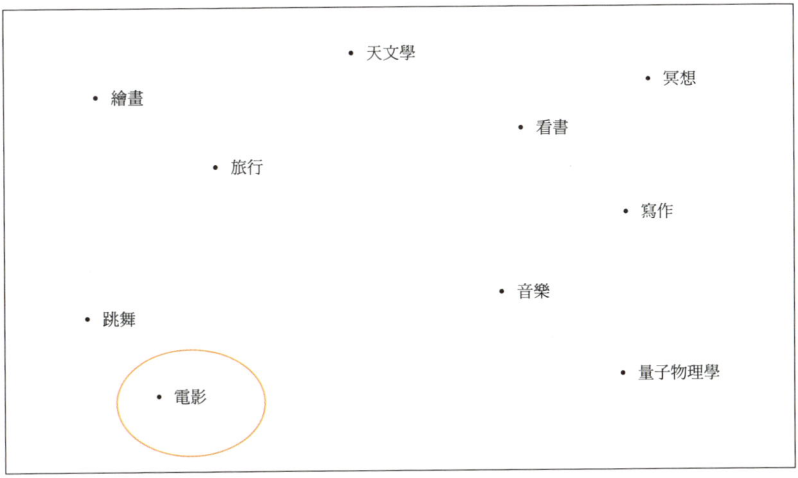

我舉為學生 H 做的天命藍圖個案的過程為示範：

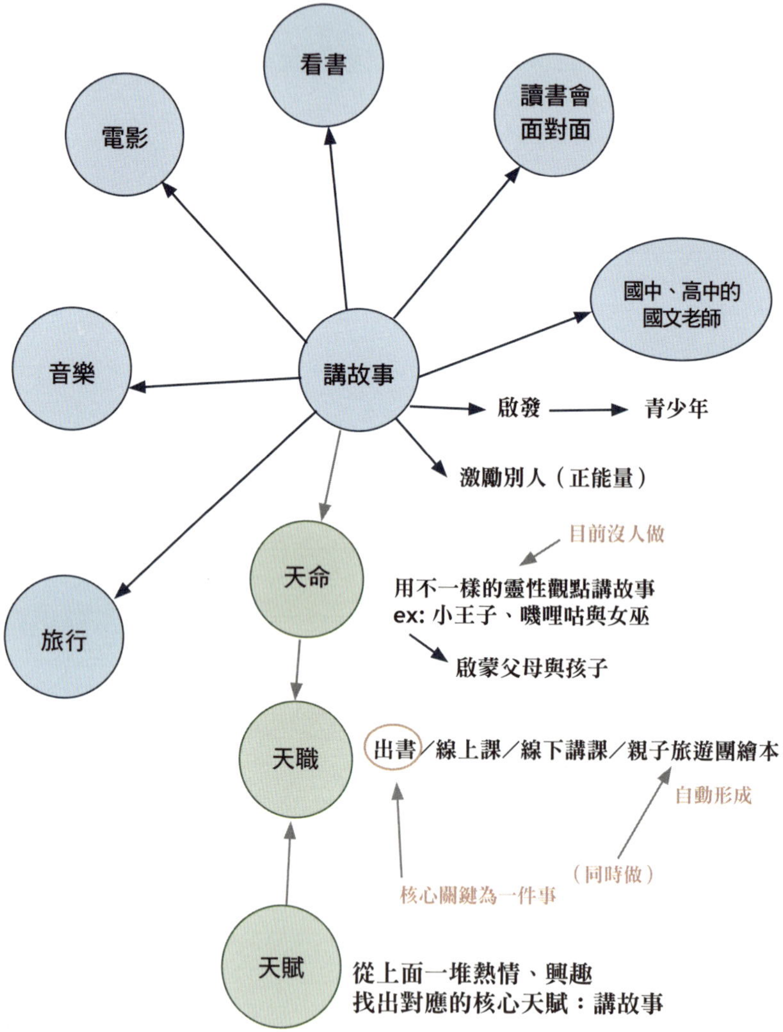

H 是高中的國文與作文老師，她畫的興趣放射圖包括：讀書會、看書、電影、音樂、旅行、講故事……

我問她：妳喜歡跟誰、講怎樣的故事？

她說：我想對國高中生講激勵他們的生命故事。

我說：很好啊，如果是我，我會把「以獨特且有創意地對國高中生說的生命故事」先寫成一本書，這就是我凝聚並提煉出天命頻率之下，所投射出必須優先完成的核心之事，就像《小王子》、《愛麗絲夢遊仙境》、《牧羊少年的奇幻之旅》就是以好看又具有深度生命啟蒙角度來寫的故事，電影《嘰哩咕與女巫》、《冰雪奇緣》、《阿凡達》……也是。

妳自己是教作文的，寫作不會是問題，先把書寫出來出版，接下來將內容錄成網路可看可聽的課，之後還可以親帶這本書的導讀會，以及帶領更多國高中生（甚至家長）以妳獨特的導讀角度看電影、看書、旅行、甚至還可以帶寫作班……你在興趣放射圖上寫的每一項都能涵蓋進「寫書」，於是這件關鍵的天命之事就可以成為妳人生 GPS 導航系統，來啟動一連串「自動開花的盛世」。

所以請現在就去找紙筆，來孵化你的「聚焦天命圖」！

PART 4

天命→天職→多元天賦

第一章　天命投射出天職

在前面章節提到，在所有職業、工作之上都有一個天命級的「創造者的視野」，從這個高處視野往下，都能看到每一份工作的神聖影響力，這就是「天命投射出天職」。工作無貴賤，就像六祖惠能從寺廟廚工瞬間成為禪師，只看是誰、帶著什麼頻率在做而已。

舉剛才計程車司機為例，當他以天命頻率重新詮釋自己的工作，就投射成為「計程車司機作家」，他開車的同時嫁接了另一個寫作之流，邊開車、邊搜集寫作素材、邊創作，他的駕駛工作瞬間就被天命「點石成金」為天職，這個天職範圍可以擴大到：網路作家、網路節目主持人、寫成劇本成為劇作家、改編成為電影或舞台劇晉升為導演，以各種形式分享他開車時聽到的啟發人心小故事；接著他還可以帶領許多計程車司機完成自己獨特的生命創作，成為線上課或線下實體課的講師；當他與其他創作型司機共組車隊，乘客叫車還可以選司機：選音樂 DJ 型的駕駛在車上與乘客一起點歌唱歌，可以選導遊型司機說在地的故事給你聽，可以選講師型的駕駛幫你上人生智慧課，可以選心理諮商型的駕駛陪你度過低潮期，可以選美食家型或是主廚型的駕駛沿途介紹特色小吃、輕食、茶、咖啡甚至還可以買進車上吃……只要你帶著新洞見、創見、靈感、動力，把具體的路程加上分享生命的天命頻率，就成了新的事業體、新的天職，於是原本單調的計程車司機工作，因為加上「天命頻率的動能」，就變成了自體運行成小宇宙的動力系統，這就是以自己的天命啟蒙並點燃大家的夢想，一朵花引發一整座花園的盛開。

如果加上AI科技的概念來為這位計程車司機轉型，在未來無人車普及的狀況時，這位司機可以訓練AI成為隨車導遊／講師，只要他有特別的風格，只要這風格被大家喜歡（例如：脫口秀），他就不怕自己因工作消失而失業，只需轉換平台就行。

當周圍突然冒出許多彷彿是從天而降、而且是專屬的工作機會，這些「天職」會以「展開層層花瓣」的方式自行演化繁衍，這股動能會讓事情自己完成它自己，不僅毫不費力，連追尋目標、擬定計畫、規定自己努力……都省了——以前的人說「行行出狀元」，現在可以就地升維成**最高境界：「行行有天命」**，只要把你目前的工作使命化、神聖化，尊敬你的職業，尊敬你的客戶、尊敬你的同事、尊敬你的老闆，把這件事當成是你生命中可以找到意義的天職，只要你創建出大家共好、更好的幸福生活，並擴大出最深最廣的影響力，將頻率直接拉到霍金斯情緒表格裡的「愛與崇敬」，這就跟謀生計的頻率層次完全不同，這天命頻率不只是會自動幫你創造出比以往更豐盛的收入，別人被你感動後也會自動給你很多機會。

霍金斯博士意識能量層級圖表

1	開悟正覺：700-1000	7	希望樂觀：310	12	渴愛欲望：125
2	安詳極樂：600	8	中性信賴：250	13	恐懼焦慮：100
3	寧靜喜悅：540	9	勇氣肯定：200	14	憂傷懊悔：75
4	愛與崇敬：500		頻率標度值200 正負能量的分界點	15	冷漠絕望：50
5	理性諒解：400	10	驕傲輕蔑：175	16	罪惡譴責：30
6	寬容原諒：350	11	憤怒仇恨：150	17	羞愧恥辱：20

關於共好的概念，我舉日本建築師隈研吾的作品：角川武藏野博物館為例，他在迎賓櫃台選用了一款和紙作為內襯，很多人問他：這款和紙很稀有而且很容易破損，你為何不選更耐用的圖案紙？隈研吾的回答很令人感動，他說：「就是因為容易破損，這樣和紙師傅就有修補工作可做，和紙工藝

就不會消失。」

關於天命頻率的概念，我舉一位學員為例：她與先生是某家兒童職業體驗遊樂場的負責人，但她其實想要做的是天賦教育平台。當我去參觀他們的體驗館，我就對她說：這已經是現成還不錯的天賦教育平台了，只是妳沒看到可能性：妳可以在孩子的各種工作體驗中，加上該職業神聖天命的意義，讓孩子有機會探索他／她的天命熱忱——孩子不是玩你們已經創造好的職業體驗空間，而是要提供他們創造自己的新職業、新發明、新作品的機會，因為孩子是未來生活方式的創世者，他們可以透過不設限的探索，用在地素材創建文明、設計並建築自己的房子、找到獨特的生存方法、創辦培訓自己的學校、自己設計教材、自己發明教具、自己創建生活村……

所以我們可以用**「天命→天職快速直線投影法」，就是把「你目前的工作」，拉一條直線到「你想要做的事／身分」**，如果你能看到其關聯性，那麼工作就瞬間變成了天職，於是這條「天命 → 天職」之路就被你在高維層畫出來了；倘若一時看不到可能性，可以上網以關鍵字搜尋別人的實例。舉例來說：「律師」→「小說家、劇作家」，那麼德國律師作家費迪南・馮・席拉赫（Ferdinand von Schirach）的暢銷小說《誰無罪》改編成電影《罪人的控訴》（*The Collini Case*）連續七週稱霸德國票房冠軍，就是最好的「天命→天職快速直線投影法」的範例：

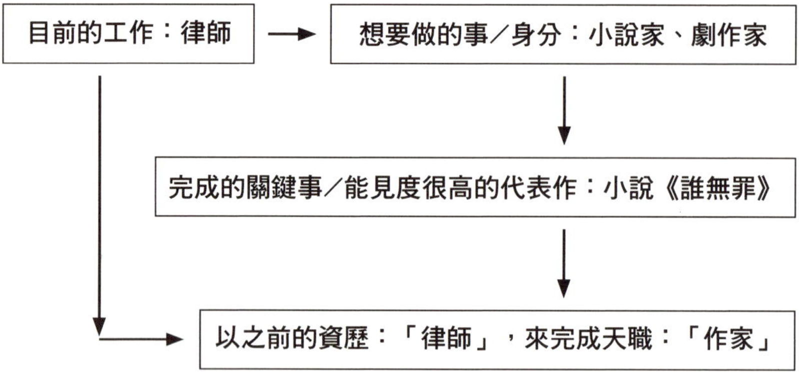

所以沒有「無法連到天命」的工作，只有「你沒看到神聖可能性」的天職。你現在就可以來填看看「**天命→天職快速直線投影法**」：

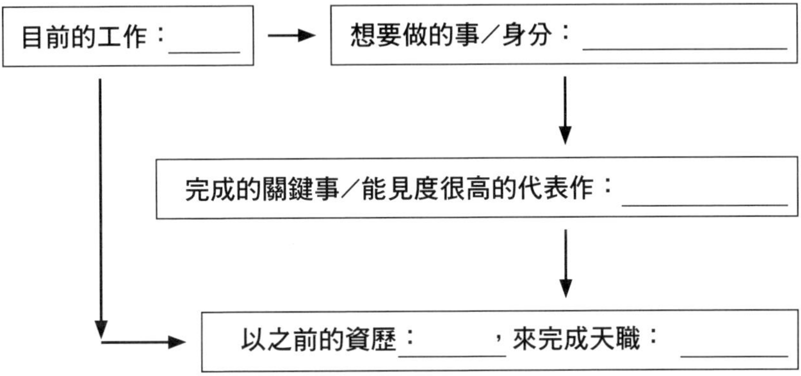
目前的工作：______
想要做的事／身分：______
完成的關鍵事／能見度很高的代表作：______
以之前的資歷：______，來完成天職：______

第二章　天職自動夾帶多元天賦

當我們從天命的頻率，投射出主要核心的天命之事，進而將眼前的工作升維成「天職」之後，多元天賦就像是被夾帶在其中的動力系統，學都不用學，一如毛毛蟲變成蝴蝶後不必學怎麼飛，魚不必學游泳、猴不必學爬樹、鶴的求偶舞也不必去上補習班學……每件事一開始都有原創，就看你把自己當成「追隨者、學習者」還是「原創者」，但光是這兩者之別，就差在有沒有「木馬程式」的雜質、雜訊。以下我們透過幾個步驟來層層檢查、過濾這些拖住我們後腿的「心魔」，「克服夢想電阻」就是我們開啟多元天賦豐盛力之前，要先完成的必要步驟。

第一節　克服夢想電阻

你是否很疑惑，自己列了一串夢想清單，為何還會心想事不成？而且越來越焦慮？吸引力法則成不成功的關鍵點究竟是什麼？正面思考有後遺症嗎？夢想完成之後，為什麼卻更不快樂？你該如何寫自己想要的生命劇本讓它成真？

電影《全面啟動》（*Inception*）裡就提過：很多受創後的渴欲所產生的負向頻率，就藏在正向訊息、心靈雞湯、座右銘裡，如果以恨、不甘心、報復、想證明給誰看的動機來許願，心想事成後的結果，一定不會是你想要的，甚至會後悔這個願望成真，恨不得當初沒許這個願。

做夢想清單是可以的，但不要有過大的夢想擴張泡沫，一定要幫自己設定「如果沒完成也不會怎樣、不會傷筋動骨、不會過勞沒命的安全線」，我強烈建議夢想特質一定要純正，不要為了符合「別人眼中完美的你」，浪費了你的生命時間，特別是變動與風險加劇的這幾年，在風暴逆境中前行時，無法與順風的狀況相比，過大過虛的泡沫夢想會加速打回原形，在過去幾年崩盤的企業公司、很多人的大夢幻滅已經多到數不清，所以在變局之年，不必等自己把牛皮吹破，外面的風暴也會毫不留情地一一戳破，請不要被自己想要「成為第一、急著融資上市、想撈賺快錢」的夢想而過度擴張，拉投資人進入一個虛假的大夢，然後無法煞車，再用無數個謊來粉飾太平的惡性循環，這樣會把自己拉進永無翻身的絕境，所以請名副其實、穩紮穩打，有多少實力能力就做多少事。我也建議大家平時可以從新聞資訊裡，特別是公司創辦人的訪談中，判斷出這個人在談夢想時是否有暗藏金錢木馬破洞，而你也要檢查自己是否也有相應的「短視近利、拚命找投資、撈賺快錢以顯現自己很厲害」的金錢木馬程式，一旦你有這個木馬程式想要「坑」人，就非常容易自己先踩坑被騙上當，所以完成天命前最好不要被「快錢大夢」拉離跑道。

也就是說，**真實的你與「別人眼中理想版的你」距離有多大，你的虛幻泡沫就有多大**，沒聚焦在純淨天命的願望，有可能最終會導向徒勞無功、無效，甚至有副作用、反作用力——電影《逃出夢幻島》（*Fantasy Island*）、《神力女超人 1984》（*Wonder Woman 1984*）的「收回你的願望」就是在講這個概念，所要收回的願望包括：因原生家庭造成的創傷，許願讓自己更強以報復對方，這是「怨念」而非大願；也非因為自卑、缺愛、匱乏，所許讓自己更美、更有錢、更有名氣、更有影響力的願望。《神力女超人 1984》這部電影還提到：人們為了要讓自己的願望成真，往往不計代價，如果有人想要權愛名利，其實付出的代價就是自己的健康、與家人朋友相處的時間、快樂真實的自己，或是初心本善被「競爭仇恨暴怒的性格」所替換卻無法填補內心的空洞空虛，甚至連自己原本的錢也不見了，這樣的願成真只會世界大亂、家破人亡。

所以當有人為了想要瞬間有錢能讓人羨慕，於是放棄真愛去選擇嫁給有錢人，卻發生了有錢伴侶突然有了財務危機，於是自己還得加倍工作幫對方還債的狀況。所以在你不知道後面會發生什麼情況之前，記得先收回你的願望，站在更高的維度看一下，你許的這個願望，有可能會讓你失去什麼？然後調整到你不再需要許願的豐盛頻率，才是根本之道。

你許哪個層次的願望，世界就會顯化那個版本在你面前。只要許的願會讓全地球生物或任何一人受損，就一定會造成強烈的反作用業力，還不如盡快清醒，知道你無法擁有一切，你只能擁有真實，盡快收回你在昏沉之中許下的夢願，這就是「菩薩畏因，眾生畏果」之意。菩薩與眾生，其實就是視野維度之別，當你到了「菩薩／高我／超我／大我」的視角，你就不會亂許願，因為你會知道這個願會引發後續的哪些事、哪些結果；但眾生，也就是一般人經常會以「怕有壞的結果」所以許下要「趨吉避凶」的願，殊不知這個「畏怕」就是創造出更多讓自己「畏怕」的過程與結果。舉例來說，有人因為「怕孤單」所以許下「趕緊找伴」的願望，如果夢想成真了，這個怕孤單的頻率，有可能會在婚姻過程中創造出「他都不了解我、都不聽我說話、都不陪我，所以我更孤單」，或是「我都被家庭生活綁住、都沒有朋友了，所以感到更孤單」的狀況。

這些在我們夢想路上不斷出現錯誤訊號的「人類木馬程式」，製造了許多迂迴或是阻礙。我想為「夢想」這個概念設立一個專有名詞，叫做「夢想電阻」，一旦眼前充滿了電阻，就會有各種阻礙「熔斷」你的夢想之路，我們若不知道有哪五大夢想電阻並克服它，輕則「夢想一直無法成真」，重則「所有夢想的努力，極有可能在一成真之後會加速破滅」，但如果你克服了，反而能獲得強大的生命功率。

那麼究竟有哪些夢想電阻，讓我們與天命夢想的頻率一直對不了焦、一直無法成真？

克服夢想電阻／過濾夢想雜質步驟一：

首先我們設立五題「克服夢想電阻、過濾夢想雜質」的自問自查問題單，光自問這幾句問題，一下子就能顯形你的夢想是自己的還是別人的。第一題是：

在這個夢想完成的過程中，你特別想給誰看到？
或是想讓誰知道？

你要先問自己這個問題，來釐清「這真是你的夢想，還是想證明給別人看、為了符合對方的期望而為」？舉例來說，如果你也有「環遊世界」的夢想，在這個夢想完成的過程中，你會發在臉書、IG 嗎？你特別想 @ 給誰看到？你會希望對方看到後對你說什麼？如果你在夢想實踐過程中，從頭到尾都不發朋友圈，或是不讓任何人知道，你會有什麼感覺或想法？

有位跟過我旅行團的學員，她的夢想是環遊世界，這是一個具體的「行動」，但不一定是「頻率」，我問她：

「妳為什麼想要環遊世界？」
「為了增廣見聞！」

「妳為何想要增廣見聞？」

「要成為更好的自己！」

「妳現在覺得自己哪裡不夠好？」

「我很笨、能力不夠好，我想要去環遊世界讓自己變聰明！」

「妳最想讓誰看到你變聰明？」

她說：「媽媽。」

聽出來問題在哪了嗎？可以推論她小時候常被媽媽批評不夠聰明，所以要努力增廣見聞，只是為了要證明給媽媽看（往潛意識推論，其實她想要媽媽的肯定、讓媽媽更愛她），於是她開始努力念書、考研究所、考證照、進大公司、拚命升到高階主管、賺錢存錢去環遊世界……全都是為了跟媽媽討愛、討肯定、討讚美而做的，沒有一個是她真心為自己做的，就算她環遊完世界，只要媽媽來一句冷嘲熱諷對她說「那又怎樣？隔壁家的誰誰誰嫁了身家多少億的老公？妳呢？」她就會一下被打到谷底；或是一旦母親離世，她的人生就會完全崩盤、失去活下去的奮鬥動力，我會稱之為「打回原形、退回原點」。

這位有著「環遊世界」夢想的學員，我常見到她每到一個地方，不用心去體驗當地文化建築藝術，也不聽導遊講解，而是第一時間打開美顏相機，站在地標前拍幾張美美照片，再回頭問身邊的團員：「這裡是哪裡？」低頭快速修完片之後，再把美照連同地名一起發在朋友圈，然後接下來每隔五分鐘就拿起手機來看有多少人點讚或留言——無論我們的團在東京、巴黎、倫敦、巴塞隆納、雅典、伊斯坦堡……她就像是機器人似的重複這樣的動作沒變，你覺得她圓了環遊世界的夢了嗎？還是她已經被虛假的夢「程式化」了呢？當疫情期間所有人都無法全球旅行，她沒有了可「炫耀」的內容之後，她對自己的觀感也會崩盤。

克服夢想電阻／過濾夢想雜質步驟二：

「克服夢想電阻、過濾夢想雜質」自問自查第二個問題是：

如果完成了夢想目標，你覺得自己會變成怎樣的人？
如果沒完成夢想目標，你覺得自己是個怎樣的人？

你可以先把答案寫好之後，再往下看我的分析。

我舉一個學生的真實例子：有位同學很想寫書，但一直拖延了好多年，他問我要怎麼克服拖延症，我就問他上述這兩個問題，他的回答是：「如果我出書了，我就能跟我爸媽、拋棄我的前女友證明我是個作家，不是個 loser ／失敗者。但如果我寫不出書，我就成不了作家，我就是個失敗者。」

大家一聽這個案例就知道，他的木馬程式是「對自己不自信」，他想透過完成這個夢想讓自己「看起來」比較優秀，但如果一個對自己不自信的人，如何寫出有自己觀點、有力量、能幫助他人、有影響力的書呢？這就是為何有些人的夢想再怎麼努力也會不成真，因為他每完成一段，就忙著否決自己、中斷自己，然後就一直拖延。就算他寫出來了，就算他出書了，只要周圍任何一本書賣得比他好，他會再度覺得自己不夠好，他仍然沒自信。也就是說，想拿來填自己內心空洞的夢想都是虛幻不實的，這就是為何有人是夢想成真後卻不快樂的原因。

在我所處理許多這樣的個案中，有七成五都中了人類木馬程式的茫然模組，如同之前提到的「天命天賦茫然的三大木馬模組」，追本溯源，發現他們都有個共同的原生家庭記憶：小時候正在做自己喜歡的事或是玩樂，卻突然被教養教育者（父母、爺爺奶奶、老師）粗暴地打斷，被要求先去做功課，所以造成內建模組：得先去做自己不喜歡的事之後，才能去做自己喜歡做的事；長大後先選擇父母期望的學校科系，畢業後再去找自己不喜歡但爸媽認為有前途的工作……就這樣耗費青春、耗盡熱情十幾二十年；比較好的情況是：最後還是轉往自己喜歡做的事，但經常做到一半就自我放棄，因為原本「突然被打斷」的模組沒改變；比較糟的狀況是：已經不知道自己喜歡什麼了，提不起勁，生無可戀。

我前幾天在公園聽到一個媽媽在斥責哭鬧的小孩說：「你再這樣，下次就不帶你出來玩了」，等於幫小孩內建：「你得聽我的，否則你就被我剝奪玩的權利」的反應模組，將來小孩長大很容易會陷入不自信，茫然，無法自己做主，無法正常表達自己的狀態，要重建是很困難的，所以在我做過的木馬個案中，也有五十歲事業有成後還是茫然的案例。

我跟大家分享兩個極端案例（不會透露這兩位學員的任何資料）：一位是目前處在重度憂鬱症的狀況，工作不停地換，感情也一再出問題，我發現那是源自於他小時候一直被嚴格父母長期批評下的結果，導致他無論做什麼都感到茫然，而且處處失敗，我歸類為「茫然失敗模組」。另一位剛好相反，她的父母一樣是很嚴格批評她，但她非常優秀，父母要她考什麼學校、什麼證照她都考上了，她還自己創業，做得非常好，但她內在始終感到很茫然，覺得什麼都完成了卻很空虛，因為那些都不是她內心真正喜歡的，都是父母覺得她完成這些會很有面子，直到父母相繼離世，她突然發現自己不知道未來要奮鬥什麼，因為過去都是為父母奮鬥，父母開心她也開心，直到父母不在，她頓時失去了生命的目標與動力，也跟剛才第一位我提到的學員一樣進入了憂鬱狀態，但這一位我歸類為「忙／茫然成功模組」，茫是茫然，忙也是瞎忙的意思，在沒找到自己的天命根基之前，極有可能都在瞎闖瞎忙。

這兩位中「茫然模組」的狀況很嚴重，所以我建議他們想像自己過去的生命，像是一台已經中毒當機無法救援的電腦，得全部消磁重灌軟體，然後再想像自己從現在起都是開啟新電腦，只要下一個念頭跟沮喪、茫然、無力、不自信⋯⋯那些列在霍金斯情緒表格負向頻率裡的情緒，就要立即覺察到那是舊電腦的中毒軟體，趕緊關掉舊電腦，直接在新電腦「清明、自信、有勇氣、有行動力」的反應模組下進行他們的下一秒生活，這樣才有機會止損、在懸崖前轉向，就不會再繼續創造自己不想要的命運，這就是一鍵清除自己生命中最關鍵且一連串聯動的負向木馬模組，當下切換並展開新的高維版本，讓我們不再費時重覆過去與創造未來的悲劇。

回到出書動機的例子。寫書對我而言，就是「非寫不可，不寫會死」，寫書是為了整理自己，發掘自己，探索自己，與別人無關，就算寫了沒出版我也不會怎樣，因為我已經從寫作的過程中得到了最大的樂趣，所以若拿這兩個問題來問我自己：

如果完成夢想目標，你覺得自己會變成怎樣的人？
如果沒完成夢想目標，你覺得自己會變成怎樣的人？

我的答案是：

如果我寫完書，我會見樹又見林，從一棵樹慢慢探索整個森林之美。如果沒完成這本書也沒關係，我的好奇探索動力會帶我繼續探險。

大家有發現與之前那位同學答案最大的不同處在哪了嗎？他寫出來的答案裡有「別人」存在，意謂著他的夢想其實有很大成分是為了「證明給別人看」，這就是夢想的雜質、夢想的電阻。推薦大家看《迷雁返家路》（*Donne-moi des ailes*），這部電影改編自法國氣象學家克里斯提安・穆萊克（Christian Moullec）領航野雁改變遷徙路線，以避開危險航道的真人真事故事：電影中的小男孩就是帶著強大的願力，為了拯救野雁而獨駕輕航機引導幼雁飛行，他甚至不在乎大家對他的歡迎儀式與榮耀，他的夢想是純粹的、不帶雜質的，自帶強大的行動力，誰也擋不住。

再給大家一個實例。之前有一位朋友跟我聊到，他想帶家人去國外奢華旅行，我們的對答如下：

「如果這願望不成真會怎樣？」
「會覺得自己不是個負責任的好丈夫、好爸爸！」
「你爸爸也是這樣對你們？」
「是的！」
「爸爸帶你們去奢華旅行時，你會不會感到壓力？」
「會耶，感覺他對我們這麼好，我們就得乖乖地符合他的期望！」
「你的『負責任好先生、好爸爸』，可能會變成愛的隱形控制，所以你的家人也一樣會感到壓力喔。而你也不信任他們可以自己安排旅行，況且你認為只有『奢華』旅行才代表對家人好，你把自己的價值建立在對家人的『奢華』，倘若行程中有你不滿意的地方，你很有可能會不高興或是發脾氣，結果導致以事傷情……」（他的太太在旁邊點頭如搗蒜）

我繼續說：「你可以不要把『帶家人去奢華旅行』=『好先生、好爸爸』。以愛陪伴是無價的，家人不會因為你帶他們奢華旅行就覺得你比較愛他們，也不會因為你帶他們登山露營就覺得比較不愛他們——你可以調整這個錯誤信念後，你做不做這事都不影響你與家人的關係。」

還有另一個經典例子是，有學生問我，「幫助別人」能不能成為天命？我的回答是：那要看是「出於真心直接去做，對方就算不知道我是誰、不感謝、不回報，甚至辱罵我也沒關係」？還是有潛在動機在等對方的感謝、回報？如果是後者，那麼你的給予就是帶著「交易」的目的：你幫別人，而你的潛意識也正期待對方的關注、尊敬、崇拜、讚美、友情、對你的好口碑……那麼你可能就會掉進一個「救世主與一群待救者」的糾纏模組，等到你耗乾了，再也幫不了任何人，從此沒人再給你關注、尊敬、崇拜、讚美、友情、對你的好口碑……時，你的自我存在感就會受到打擊——你必須要清楚，如果你以「幫助別人」為你的生命核心，一定要先檢查自己是否就是那個最需要幫助的人？如果你連自己都幫不了，又如何能幫助別人？而以「幫助別人」來逃避自己該面對的課題，或是對「幫助別人後等別人感謝你」的那種自我成就感上癮，那麼很有可能會遇到「盡全力但還是幫不了對方」的挫敗感，甚至還有可能會遇到「恩將仇報」、「以怨報德」的離奇事件來棒喝你、敲醒你。

一個沒有「救世木馬」的人，他腦袋裡連「幫」這個字都不存在，他就是憑直覺在做他的事，做完了他不會、也不需要到處跟別人宣揚，因為他腦袋裡根本不存在「幫者與被幫者」的高低之別，就算無法為別人解決問題，他不會因為「怕」別人不高興或是「怕」別人對自己不滿意，就不敢拒絕對方因而耗盡自己的生命能量、時間、金錢，而這個「別人」有時指的就是身邊的親友。沒有「救世木馬」的人，就算他幫不了別人的忙也完全不會有愧疚感，他頭腦清明、內心智慧有愛，正如同那位背女子過河的僧侶，他沒想到「自己」的清譽，也完全沒想到「別人會怎麼看他」，過了河就放下，這就是《金剛經》所提的概念：「三輪體空・無相布施」之意：

無「施者」，心中不要執著「我在布施」，以免增長傲慢心。

無「受者」，心中不要執著所幫助的對象，不可「念念不忘功德」相。
無「施物」，心中不要執著所布施出去的財物，也不可後悔。

（引自網路）

我們以「如果完成夢想目標，你覺得自己會變成怎樣的人？」、「如果沒完成夢想目標，你覺得自己會變成怎樣的人？」這兩個木馬快篩來掃毒虛假夢想，然後再把這個「偽天命」從你的夢想清單中劃掉，你才能聚焦在真正的天命。

克服夢想電阻／過濾夢想雜質步驟三：

「克服夢想電阻、過濾夢想雜質」自問自查第三個問題是：

如果突然變超級有錢了，你還會繼續你的這個夢想嗎？
如果突然變成身無分文，你還會繼續你的這個夢想嗎？

《Hero / 英雄》這本書中有段話很棒：「不要本末倒置，讓安全感和追求物質這件事成為你的人生目標而不去追隨你的夢想。當你選擇追隨夢想，而不是追求安全感時，你反而擁有全部：物質上的富足，以及一個豐盛而圓滿的人生——贏得七次世界衝浪冠軍的萊恩．比契莉。」

如果以上這兩題你的答案都是「會繼續」，那表示你的夢想至少沒有「為了錢而做」的電阻雜質。對我而言，「**過去是固體如冰，現在是液體如水，未來是氣體如水蒸氣**」。如果把時間比喻成水，那麼過去就像是不動的冰，現在就是流向各種可能的液態水，未來就相當於水蒸氣，透過當下的熱情蒸發成了雲，雲中水珠的質量有多少，而決定落雨成真的時間與地點在何時何地，其版圖比冰大多了！當你熱愛一件事，把它做到最好，用豐足快樂的頻率來完成每件事，就會自帶口碑、資源與財富，也就能享有在未知無限衝浪的樂趣。

克服夢想電阻／過濾夢想雜質步驟四：

「克服夢想電阻、過濾夢想雜質」自問自查第四個問題是：

如果明天突然要離開地球生命，
你沒做哪一件事會感到遺憾？

請用直覺回答這個問題，如果你的答案與你原設的夢想是同一件，那麼請現在就開始行動。我的方式就是真的把當下這一年視為最後的「圓夢期」，然後把這件「天命夢想」

拆解成幾個環節，開始逐日築夢踏實。

記得在「天命夢想」完成日，或是第一階段計畫的完成日那天做個感謝儀式，你現在就可以想一下，你想在那天怎麼感謝自己、感謝協助你圓夢的人——在無常變局之下，明天與意外不知道哪個會先到，所以請用「不遺憾清單」取代「夢想清單」，假設今天就是生命終點，你遺憾哪些未完成的事？請從最遺憾到比較不遺憾的排序下來，因為「不遺憾清單」的思維跨度，比「夢想清單」更接近生命終點與生命本質，也可以說是「純度比較高的夢想」，請好好把握當下，來完成你拖了好幾年的天命之夢。

克服夢想電阻／過濾夢想雜質步驟五：

「克服夢想電阻、過濾夢想雜質」自問自查第五個問題是：

你有拖延症嗎？
如果夢想完成了，你覺得可能會有怎樣的問題？

《一週工作四小時》作者提摩西．費里斯說：「『將來有一天』是一種拖延症，它會讓你將夢想帶入墳墓中。」我們也可趁變動之年諸多生死無常的背景氛圍來思考：「將來有一天，我會……」後面請加上「自己想完成的夢想」，請以直覺寫出十個句子，然後找出每一個未完成夢想的關卡、電阻、雜質是什麼？特別注意不是指「誰阻礙了你」，而是你的什麼想法、什麼反應阻礙了你？如果把自己無法完成夢想的原因，怪罪到外在環境或是別人身上，意味著我們沒將完成夢想視為「自己的完全責任」。

接下來我們再更深度的思考：「將來有一天，我會……」延伸成「將來有一天，我會……但目前沒有完成，是因為……」。舉例來說，如果有人寫的是「將來有一天，我會是一個很厲害的創意人，但目前沒有完成，是因為我在一家沒有創意的公司」，那麼你一眼就能看到他把「成為創意人」的責任丟給了公司，所以他永遠不可能成為有創意的人，因為創意是靠自己培養與發掘出來的特質，不是公司環境能給的。同理可證，你把所有未完成夢想的責任回歸於自己，去找到自己阻礙自己的心結／電阻是什麼，將它們一一克服，那你與夢想之間就暢行無阻。

或者也可以說，距離截止時間再怎麼短，我們其實還是有辦法把所有的事都完成，但經常都會拖到最後一刻，那是因為被「木馬程式」拖住，拉住我們的負向木馬越多，就會越來越跑不快、甚至跑不動。至於什麼是「拖延症」背後可能的木馬程式呢？

很多人總是會把事情拖到最後一刻才開始挑燈夜戰，首先要問自己的是：「如果事情很快完成，你覺得可能會產生的問題是什麼？」

我的一位學生曾這樣回答我：「一旦夢想很快完成，後面就不知道要做什麼，怕無聊。」而這就是問題所在：他原本就認為人生太無聊，不知道還有哪些可能性，所以潛意識、無意識就會把事拖到最後才做，以免太早做完自己不知道要幹嘛。

上次我跟一位企業家吃飯，他是身心健康產業的負責人，他突然說了一句：

「人都要慢慢修才能覺悟。」
「如果你現在馬上覺悟了，你覺得可能會產生的狀況或問題是什麼？」
「那會很無聊，人生不知道要幹嘛！」

「這就是你設定成『慢慢修』的原因。」

我們不必擔心「這個關鍵夢想如果完成了，接下來不知道要做什麼」，很多人就是用這理由潛意識地拖延夢想。請放心，依照我的經驗，一旦完成了這件關鍵夢想，就相當於你登上了「地面上所能望見最高山峰」的制高視點，你在山頂就能看到在原來的立足點完全不一樣的全景視野，也會看到一山還有另一山高，你會突然發現自己的可能性瞬間變多了，就像是電影《奇異博士》（*Doctor Strange*）有一幕，他站在一棟建築邊緣，看到各方向的建築同時匯轉進他眼前那樣的視野——「維度越高，可能性越多」，這層次不是平面的斜槓加總可比擬的，你才有機會將這次登高的「高峰經驗」，典範轉移到其他高峰，即所謂的「同頻串流」。

我建議有兩個方法可以解這種「怕人生無聊」的拖延症：

（A）設立多元天賦盤，設好之後，你就會自動且盡速把事情做完，因為你之後還有許多好玩的事要完成，這在第四節「擴展多元天賦的十二大模型」中會給大家很多靈感。

（B）設定自律＋獎勵機制：把你喜歡的事，放在你必須要做的事後面，或是把你必須做的事，放進你喜歡的音樂以及環境中去做，把它變成好玩的事。

簡言之，如果你現在有「時間不夠用」的問題，表示你內在一定藏有負向的木馬程式，請務必把木馬程式找到並移出，否則你學會再厲害的升維時間術，也會被木馬拖在地表上動不了，就像電影《全面啟動》，無論在哪一層，他的伴侶都來影響他。只要你解除內在負向的木馬程式，就幫你的人生省下百分之九十以上無效時間。記得，只要你一焦慮時間不夠用，你的通關密語就是：「不要急，不要慌張，深呼吸，時間絕對夠用」，才能把焦慮的頻率瞬間轉成從容優雅。

第二節　愛學愛問、跟別人要標準答案→跳出問題，自己創造想要的版本

把自己當成「追隨者、學習者」？還是「原創者」？這是兩種截然不同的維度，愛因斯坦（Albert Einstein）的名言是：「用製造問題的腦袋去解決問題是行不通的，在產生問題的層次上無法解決問題（Problems can't be solved at the same level of awareness that created them）」，但我們從小被教育要「聽話」、「守規矩」、「勤學好問」、「臨摩」、「要寫出標準答案」……久了我們就忘了自己可以跳出問題框架，在不同的維度創造我們要的版本。

只要「斜槓青年」焦慮自己不夠好，就會有上不完的課、付不完的學費、考不完的學歷證照、越學越焦慮，原因在於沒有先校準天命，找到自己的主命脈核心架構，人云亦云地東學學、西學學，幾年下來花了大把時間、大把金錢，但整個生命還是散架，就像是一個還沒有房子的人拚命買家具，他怎麼會知道該如何挑選家具的風格、顏色、尺寸，以符合該房子的格局呢？也像是把一大堆樹的落葉拼湊起來，也拼不回一棵活生生的樹，還不如自己好好扎根先長成一棵小樹。我們可以改變我們的慣性，從愛學、愛問、跟別人要標準答

案→改成「跳出問題框限、自己創造想要的版本」，這樣就能以「原創者」的身分取代「追隨者、學習者」。

學習不超過三分之一，反思不小於三分之一
創作要大於三分之一

當我們有了源源不絕的靈感，並建立了自己的風格體系，所有吸收進來的養分都有所歸屬，像是一頓食物經過消化之後，養分就各自歸位到不同的器官系統。我建議在平時可以開始轉換習慣：「學習不超過三分之一，反思不小於三分之一，創作要大於三分之一」的概念，相當於：【學習／吸氣／Inhale】：【反思／屏息／breath-taking】：【創作／吐氣／Exhale】≒ 1：1：1。如果三擇一為重點，可以先聚焦在吐氣，讓吐氣自動帶動吸氣；同理，我們可以全心聚焦在自己的創作上，創生出自己獨特的生命作品，只要作品有自己的魂，就相當於胎兒會主動吸取養分，這就是創作會自帶學習與反思的動能。

舉例來說，如果你要寫一部電影劇本，當你寫到自己不熟悉的部分就會主動去搜尋、研究相關資訊，並且反思消化成電影所需，這與一般無目的學習、思考就很不同，有了

熱情動力，同時也有方向性、主題性，原來被分散去找東問西、學東試西的時間都給了創作，創作同時也同步反思與學習，等到天命之作出來，就相當於燈塔蓋好後開始發光，進入了「天命順流、資源自動旋入層」。

我們可以下面的例子來自我測試一下：如果看到一幅你很喜歡的畫，你的第一反應是：

（1）這畫真美，拿出手機來拍照，然後放在臉書、IG。
（2）這畫好棒，我一定要把它買下來，看來要努力賺錢了！
（3）哇這畫啟發了我，讓我想到一個新點子，我要畫出來！

你看到自己的層次嗎？同樣一幅畫，不同的人會有不同的反應，這也能反映出彼此的創意維度之別。創意、創新、創造是一種有自信的人格狀態，最具代表性的是尼古拉・特斯拉的幾句名言：「宇宙中的任何一小部分，都包含整個宇宙的所有資訊，在其中藏著的某個神秘資料庫、又保存著宇宙的總體資訊，我只是很幸運地可以進入這個資料庫去獲取資訊而已……我只不過是一個被賦予了運動、情感和思想的『宇宙力機器』……當天生的愛好發展成為一個強烈的願望時，一個人會以驚人的速度向著他的目標大跨步地奔去……

當下是他們的，而我致力研究的未來，是我的……我不在乎他們偷了我的想法，我在意的是他們怎麼會沒有自己的想法？」

我記得有一次與朋友在一家飯店度假，他們清早有提供住客免費學太極拳的課程，當時老師跟我們說，太極拳一共分為五大派系：陳式太極拳、楊式太極拳、孫式太極拳、吳式太極拳、武式太極拳，有趣的是，我們倆一聽到這段話的第一反應完全不同，學霸級的他第一反應是：「去哪裡學這五種門派的太極拳？」我的第一反應則是：「要怎樣創立第六個門派？」這是我們「慣性思考模組反應」的差別，所以我們平常要隨時覺察自己是「學習者模組」還是「創造者模組」？

如果你把別人的花放進你的花盆裡，你哪來的空間長自己的花？我的想法是，一旦我們花太多時間跟隨別人學這學那，久了就很難原創，而且很容易搞不清楚自己腦袋裡的想法究竟是別人的還是自己的，所以我建議先忘掉所有你學過的，像是初生兒初到地球那樣全新探索世界，比方到森林裡不要急著去辨查這是什麼樹、那是什麼果，就當你是第一位到地球探險的外星人，自己觀察、自己研究屬性、自己命名、自己定義、自己建立知識與文明體系，連對著滿天的星也讓自己繪製星座圖，並為每一顆星命名、編寫神話故事……當你先健全發展完自己的體系骨架之後，才去觀摩別人的體系，你才會分清楚哪一些是你獨創、哪一些是你與別人英雄所見略同而不是抄襲。

我們可以這樣練習：當你已經有了自己原創的畫風，並已畫出不少代表作之後才去美術館看別人的作品，先不聽導覽、不去看藝術品與藝術家的背景資料，自己先專心逛看完、刺激並啟蒙自己之後，再去看相關資料時才不會被「混血／混寫」。我看書也是這樣，我不是從第一個字看到最後一個字，而是從看到書名開始就停下來，想一下這一本書是在這一知識領域地圖的哪一部分？還有哪些面向還沒被寫成書？

所以你可以把創作的計畫擬好，自現在起每天都要留時間創作，因為創作力是越練越豐沛的，記得一定要是原創的，無論是原創自己的音樂作品、文學作品、影像作品、藝術作品、建築作品、美食作品、服裝作品、科技發明……啟動自己的創作動能頻率既能有成就感，同時還能滋養大家的豐盛世界。

第三節　擴展多元天賦前的自我健全：全方位自我升級的十四組動力結構

當我們克服夢想電阻，查殺完所有阻礙天命的木馬程式之後，就可以有計畫地擴充自己的多元天賦動能盤。我在《人類大疫考》書中完整闡述了**「擴展多元天賦．全方位自我升級的十四組動力結構」**，這是針對變局所設計的全方位自我檢測指標，兩兩一組，包括：

【（1）全局力＋（2）洞悉力】＋【（3）免疫力＋（4）自癒力】＋【（5）應變力＋（6）風險力】＋【（7）智慧力＋（8）喜悅力】＋【（9）蛻變力＋（10）重生力】＋【（11）藝術力＋（12）創造力】

＝【（13）全能力＋（14）豐盛力】

這張**「擴展多元天賦．全方位自我升級的十四組動力結構」**圖所在位置，就是在以下這模型圖的最下方底座位置：

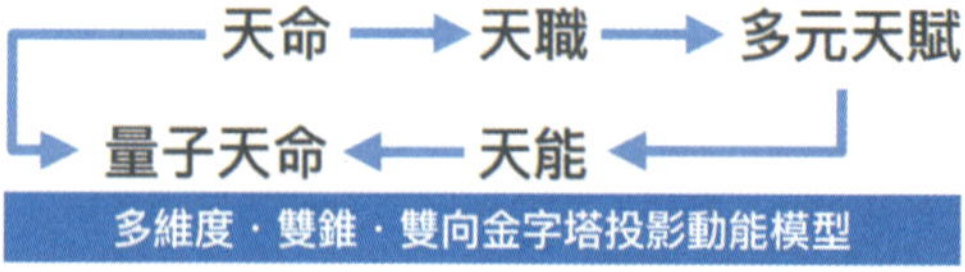

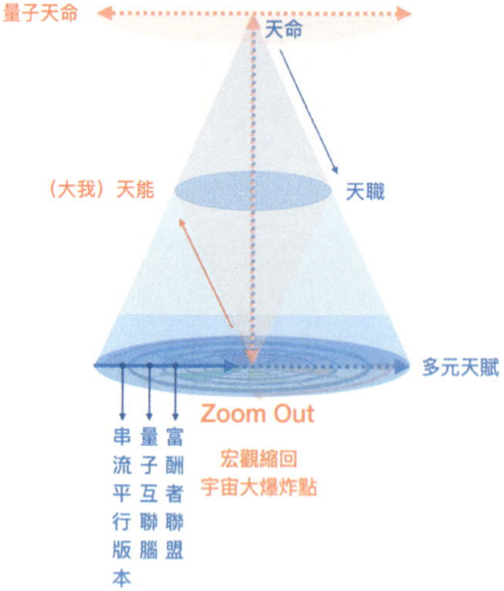

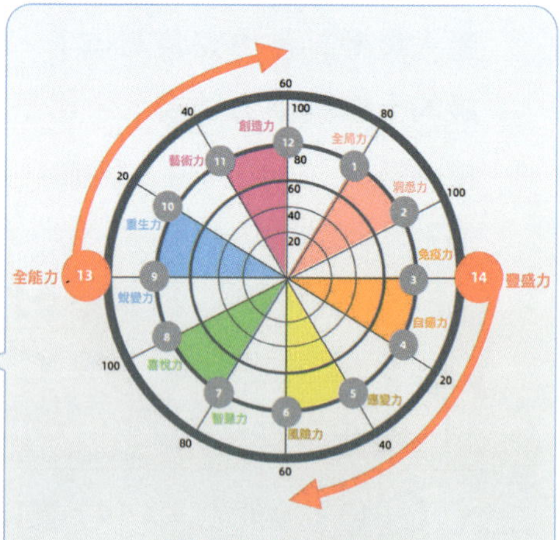

全方位自我升級的十四組動力結構

除了上述的十四力之外，《人類大疫考》還特別提到如何補好「金錢木馬破洞」，一念之轉以「不漏財」的頻率快速完成「財務自由」，大家可以延伸詳閱《人類大疫考》，做好自我評量、自我除障、自我賦能。

為什麼要趁年輕早點達到財務自由是非常重要的？我看

到很多年輕人追著錢在跑、繞著錢在轉，把自己大把的青春時間全都拿來賺錢、然後花錢、再繼續賺錢……卻沒有把時間放在自己喜歡做的天命之事上。如果把保命保本的財務地基一層層建好，就不用再擔心害怕未來，也不會因為怕自己活不了而去做不喜歡的事，或是委屈自己去接受一些不平等的條件，更不會因為有錢沒錢，而決定自己能做什麼或不能做什麼，這樣就不會「人窮志短」，因為當一個人沒有時間精力發展他的天賦才華，卻受限於要去打工痛苦地賺錢，而這個「痛苦、懷才不遇、怨天尤人」的頻率導致於他越來越消沉，但為了要生存卻又不得不進入削價競爭的死胡同裡，這是最大的損失。

如果有人不小心掉進了這樣的死胡同，那麼**「擴展多元天賦．全方位自我升級的十四組動力結構」**所發展出來的副業，就是你可以同步建立的平行系統；一旦副業讓你進入財務順流層，就像是海平面瞬間提升，於是海底那些坑坑巴巴就不再阻礙你了，你的天命、天能、天職、天賦就不會被「謀生的焦慮」屏蔽，讓自己安心，你就可以無後顧之憂地活出夢想，以自己精采的人生閱歷，創造更多元的豐富人生，如此就能輕易跳進「豐盛意識」，即是：「信任、幸福、滿足、感謝、不慌張、不焦慮、不計較、能給予、也不會給別人壓力」，光這幾點就會讓越來越多人對你放心、也會有更多人、更多資源自動往你這匯流，這就是天賦加上信任、勇氣之後轉成財富，豐盛吸引豐盛的原理。

在「擴展多元天賦．全方位自我升級的十四組動力結構」中，等到前十三個力備足後，第十四個豐盛力的水位自然水漲船高。當我們所有的升級完成後，就相當於你就是同時擁有電影《分歧者》裡五個派別的Divergent，我稱之為異類全能者，這五個派別是：**克己無私派**（Abnegation）：追求大公無私，相信人若無私，世上將不再有紛爭；**友好派**（Amity）：愛好和平，盡全力避免一切衝突；**無畏派**（Dauntless）：崇尚勇敢，他們立志成為保衛社會的力量；**直言誠實派**（Candor）：厭惡謊言與迂迴隱瞞，視謊言為戰爭的導火線；**博學派**（Erudite）：重視知識，認為學問是一切的根本——當你擁有這五個派別的原力，你才有能力跳脫既有的規定與框架，自訂遊戲規則。

第四節　擴展多元天賦的十二大模型
變局之下的多元身分應變學：

在變化越來越加速的現在，許多產業的遊戲規則說變就變，當下每一幕的局勢都是全新的，我們只能全神貫注地注意腳下每一步，同時還要注意周圍的風向，經常某一類型的產業瞬間縮編、急凍、甚至消失，例如：二〇二〇年因疫而變的觀光業、航空業，但也有的企業能在變局之年瞬間轉型成功，例如：二〇二〇年突然爆紅的餐食外送平台、網路影音平台……對於已經有多元天賦的人而言，面對不同的變局只需切換相應的身分就行，但對只有一種專長專業的人而言，面對變局往往來不及應變與轉型。以我自己的四種身分為例：

(1) 廣告文案：讓我在經濟景氣的時期，光接廣告文案就能活得很好。

(2) 作家：當出版書市蓬勃時，寫書出版就能活得還不差。

(3) 帶團老師：當旅遊業旺盛時，我最高紀錄一年帶十多團，既可隨己意定製自己想要走的旅程，免費旅行之外還有帶團講師費。

（4）講師：從二〇一三年開始，我每年都會舉辦八到十個城市的巡迴演講。

我以二〇二〇變局年自己變化多元的身分為例：二〇二〇年因疫情關係無法自由帶團出國，所以對於第三個身分：帶團老師的影響最大，沒有半個團能出去，但因為我不只有「帶團老師」這個身分，我還有很多身分可以切換，所以我就把主力轉成第四身分為主要收入來源，第一、二身分為輔。但若是專職導遊，就會有直接面臨失業的危機，只有少數幾位導遊轉做旅行講座的講師，有的則是轉行做保險、餐飲、手工藝，但如果之前就已經準備好的人就能瞬間切換身分，若等到遇到變化才去學、才去準備就有點慢了。

在二〇二〇年，我第四個身分的形式就把巡講改成不同主題的線上課：「寫作課」、「天能課」、「天賦課」、「調頻課」……所以二〇二〇年度總收入沒有比之前差，還省下來回往返的時間與機票差旅費；至於第一個身分：廣告文案，雖然總體廣告市場萎縮，但我的案子依然沒受到影響，原因是我每一篇文案都會寫到我所能的最好，所以對品質有要求的舊客戶還是會找我，例如在二〇二〇年還是有珠寶廠商、嬰幼兒食品廠商、台菜節、手搖飲節，找我作為指定文案，不必比稿。

至於第二個身分：作家，因為我寫書出書是為了表達自己的新觀點，而且我很喜歡透過寫作來建立新的體系，只要出版社願意出書就行了，所以我並沒有把出書作為謀生的項目，出書拿版稅的收入早在五年前就已經占總收入比例不到十分之一，所以影響不大，而且寫書的內容可以直接移作為教材，成為另一種型式的收入。

至於我們可以怎樣培養、催生、開展自己的多元天賦呢？以下是我近三十年親身實練經驗整理出來的「擴展多元天賦的十二大模型」，大家可以邊參看、邊建立屬於你自己的多元天賦模型。

擴展多元天賦的十二大模型

我最早發展出來的「天賦開花圖」至今已經三十年，從我大學開始使用這張圖，到目前「可以不必工作但也捨不得退休」的五十歲，已經陸續演化、進化出總共十二種「擴展多元天賦」的模型如下：

【模型一（原型／探索式）：天賦開花圖】

李欣頻的天賦開花圖
（引自《十四堂人生創意課》）

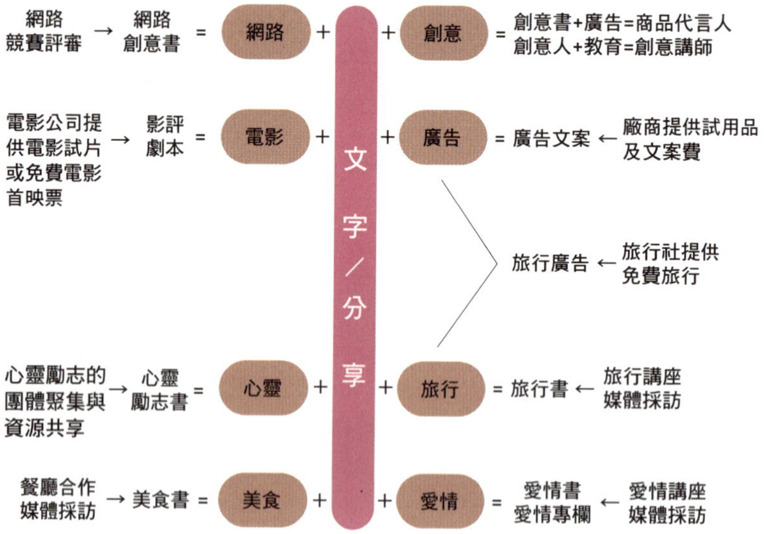

舉自己的例子來示範：我從小就喜歡閱讀與寫作，而且我發現自己有一種「愛分享」的個性：只要看到好書、好電影、去到很棒的地方……我都會迫不及待地告訴身邊的朋友，所以我將核心天命花蕊升華到抽象且無限的能量層級，就是：（**特殊熱情**：文字）+（**特別個性**：分享），這也就是將來可以發展成我的**主興趣／主專長**的聚焦處。

你們可在下圖寫出自己主要的**特殊熱情／興趣／專長**：______，並標註「**特別個性**」：______（你的風格、特質），這就是你「天賦開花圖」置中的「核心花蕊」（圖上標註「0」處），然後在周圍填上你的「**副興趣／副專長**」（圖上標註「1、2、3、4、5、6……」處，可自行延伸）

列出自己主興趣／主專長：0.________

以及六個副興趣／副專長：

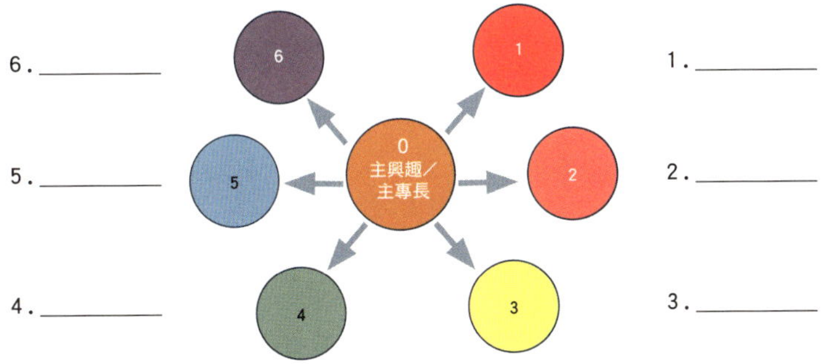

填完之後，只需把「**特殊熱情／興趣／專長**」，加上每一項的「**副興趣／副專長**」，就能很快衍加出許多身分，例如：文字＋廣告＝廣告文案，文字＋旅行＝旅行書，這樣就瞬間有了「廣告文案」、「旅行作家」兩個身分，而這兩個身分加起來又可以演化出第二層身分：廣告文案＋旅行作家＝為旅行社寫文案，也就是說，出版過旅行書的我，會比沒有

旅行過、沒寫過旅行書的文案人員更能把「旅行」寫得更入神……依此類推，我的多元身分就是這樣演化出來的。大家可以根據我的示範，練習一下寫畫出你的「天賦開花圖」。

這張「天賦開花圖」，是我在十八到二十八歲（一九八八年至一九九八年）讓自己不被行業盛衰影響的人生重要地基架構圖，也是擴展多元天賦的原型，有助於我們往各面向探索。比方當經濟景氣的時候，廣告文案就很熱門；旅遊業很發達時，旅行書、帶團導遊就很搶手……無論各行各業怎麼變，我都不可能失業。

這張「天賦開花圖」可以每三個月或半年，把一到兩個身分移到「自動化系統」，然後再增加一到兩個新身分。舉例來說，當我對「廣告」、「創意」這兩個身分非常熟練，會自動吸取養分也會自動產出，於是我就把這兩個身分移到「自動放養」的狀態，依據當下新的局勢以及自己的新興趣，再選一到兩個新身分／新的基因血統進到這張「天賦培養皿」之中，比方我現在就已加入「身心療癒」、「量子物理學」兩個研究領域，所以就會依自己的生命進程，發展出下一階段的「多元天賦盤」，生生不息。

新增興趣、身分／移為自動化系統

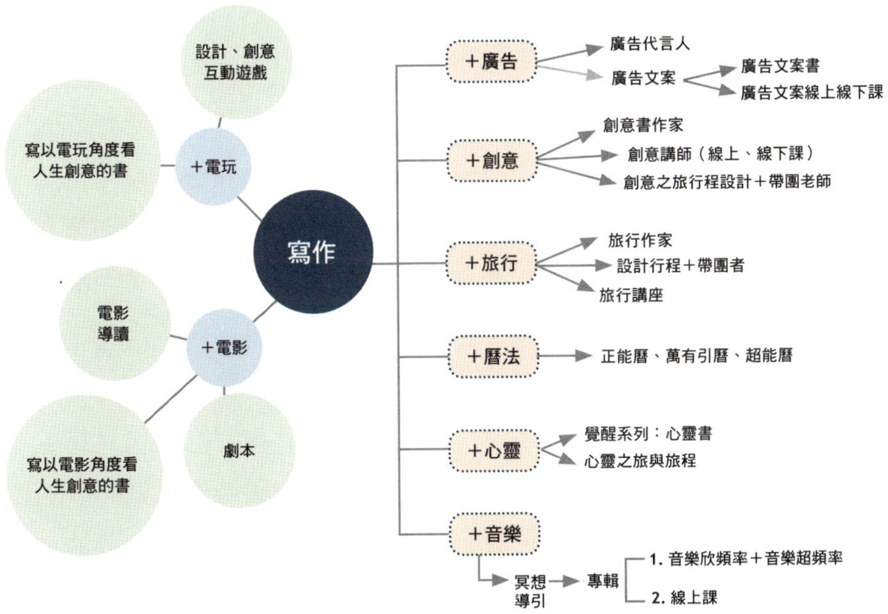

當有了這個會「有機生長」的「多元天賦盤」之後，我們就可以開始實行「一時多工．時間齒輪」。能具象解釋這概念的，就是我在多哈伊斯蘭美術館買的《THE BOOK OF SECRETS》書中的一張圖，如果想像這八角平台代表八種身分，你站在中間的核心，底下有個蓄水池可以同時養八個身分，所以當你看一本書或是一部電影時，你可以八個身分同時吸取養分，比方看《十四堂星期二的課》，我可以「創意

老師」、「生命作家」、「生死學概念下發展互聯網內容的設計者」……多重角度一起看，我可以拿各色筆在書中以不同身分、不同的維度視角來畫線；如果以看電影為例，一部電影可以是我寫書的靈感，也同時是我寫劇本、教學課程大綱的靈感——這張圖我們可以把它想成是自己各種平行版本同時運作的時間管理模型，以旅行為例，我在每一次自助旅行時都會同步想：如果將來我帶團時要怎麼規劃路線？怎麼講解？要跟團員介紹什麼？沿途有什麼靈感可以在未來創生新的產業或項目？……所以升維概念下的「一時多功」，即是一個時間內同時創造多重產值，也相當於我們吃一份食物就同時餵養滋養了多個器官系統，也像是一個結構緊密的聯動齒輪模型，站在核心的我們只要動一步，其他八個身分的齒輪就會自動跟我們一起聯動運轉，這就是我們能在同一時間完成所有事的方法，如同馬戲團員手上運轉多顆球，就算你再丟幾顆球給他，他依然可以用同一時間運轉，差別在他的當下專心度與球的速率而已。

概念引自《THE BOOK OF SECRETS》

此外，在這張圖有一個像是主舞台的空間，我們可依當年主要局勢來決定讓哪一個身分做為應對那主舞台的主角，只要你能把近三十年整理出一個大趨勢消長圖，你就可以發展出在現階段任一狀況都能活得很好的多元身分。

【模型二（回顧彙整式）：人生流域圖】

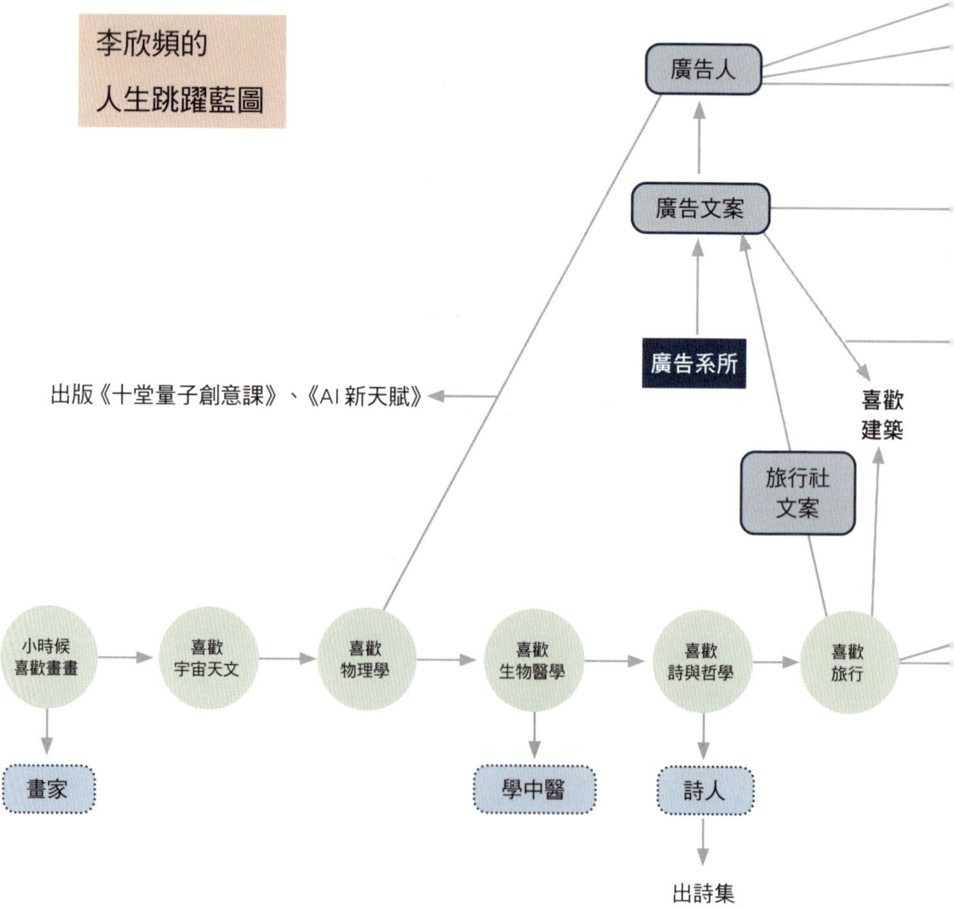

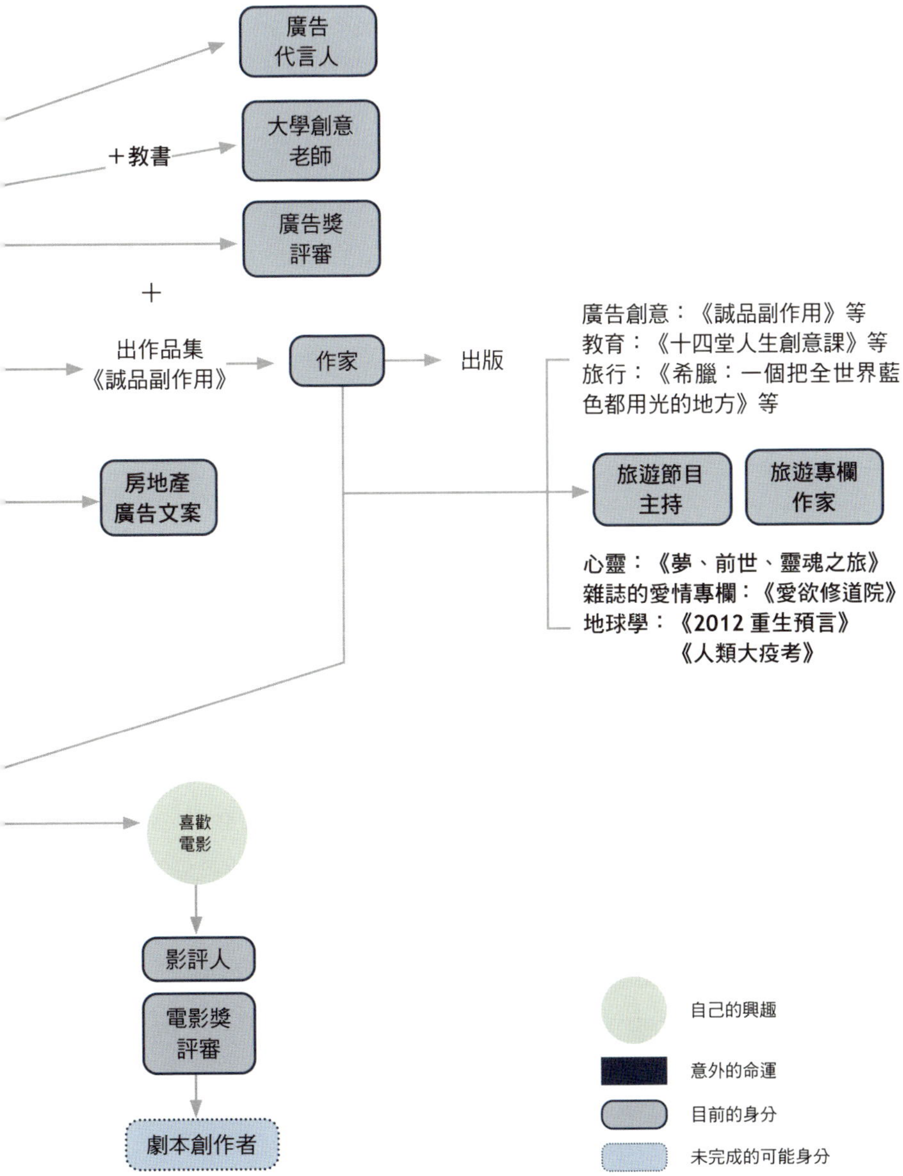
廣告代言人
大學創意老師
+教書
廣告獎評審
+
出作品集《誠品副作用》
作家
出版
廣告創意：《誠品副作用》等
教育：《十四堂人生創意課》等
旅行：《希臘：一個把全世界藍色都用光的地方》等
房地產廣告文案
旅遊節目主持
旅遊專欄作家
心靈：《夢、前世、靈魂之旅》
雜誌的愛情專欄：《愛欲修道院》
地球學：《2012 重生預言》《人類大疫考》
喜歡電影
影評人
電影獎評審
劇本創作者
自己的興趣
意外的命運
目前的身分
未完成的可能身分

在我後續發展出來的多元天賦模型中，「人生流域圖」是我第二張構思出來的，我把自己從小到大，無論是已經完成、正在進行、或是想完成但還沒動手開始、或是已經快遺忘失落的興趣夢想再導流回來，全都收編收納進這張圖，就像是把當年被遺忘的小支流、小碎片重新彙整匯流成更大更完整的人生流域，如此生命就會越活越廣大豐富，不可能匱乏或失業。所以大家也可以找一張空白的大海報，以一首音樂引導你回想自己曾經喜歡過什麼，一邊回顧、一邊彙整、一邊「顯畫」出自己的「**人生流域圖**」。

【模型三（擴張式）：內向外向 vs. 動態靜態】

這是我發展出來的第三個多元天賦模型：以自己性格的**內向、外向**為縱軸，**靜態、動態**形式為橫軸，來擴展自己沒發現的潛能。以我自己為例：

內向性格：專心安靜地寫作，延伸出來的身分是作家，同時也發展出講師身分所需的授課內容。

外向性格：對外宣傳，延伸出來的身分是「廣告人」，也可做為自己的經紀人。

靜態形態：心靈成長，延伸出來的身分是「冥想靜心導引者」。

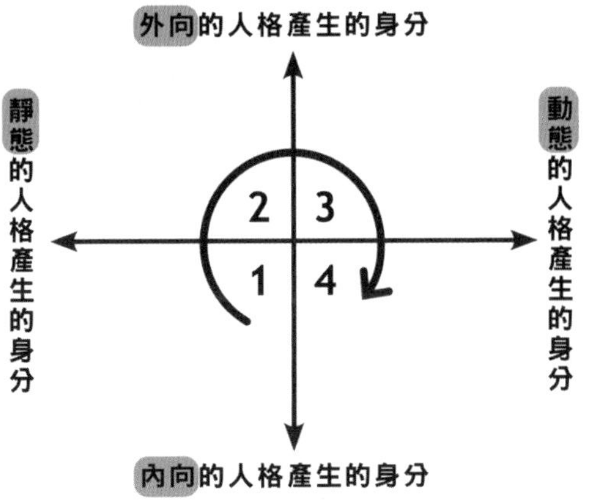
外向的人格產生的身分
靜態的人格產生的身分
動態的人格產生的身分
2
3
1
4
內向的人格產生的身分

李欣頻的示範：

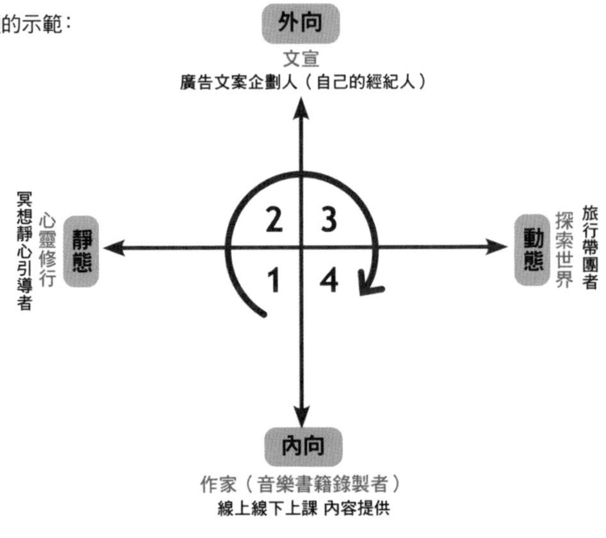
外向
文宣
廣告文案企劃人（自己的經紀人）
靜態
心靈修行
冥想靜心引導者
動態
探索世界
旅行帶團者
2
3
1
4
內向
作家（音樂書籍錄製者）
線上線下上課 內容提供

動態形態：探索世界，延伸出來的身分是「旅行帶團者」。

你們也可以找一張 A4 大小的白紙，拉出內向、外向為縱軸，靜態、動態形式為橫軸，看看會延長出哪些連你都沒想過的新身分。

【模型四（擴張式）：內己外眾 vs. 有形無形】

後來我在三十八歲時講授人生創意課，再延伸出第四個多元天賦模型：「擴展自己生命潛能版圖四象限」模型

橫軸為「自己（內）vs. 大眾（外）」
縱軸為「有形／商業 vs. 無形／藝術」

開展出四個象限做為擴展自己生命潛能版圖的參考，每一象限都有可發展的身分或作品。當你開始填寫每一象限，一下子就能發現哪幾個象限地底下，還藏有你還沒挖掘出來的身分或是作品，這就是你的擴張，同時也讓自己不被外在多變的潮流趨勢所分心，我的示範如下：

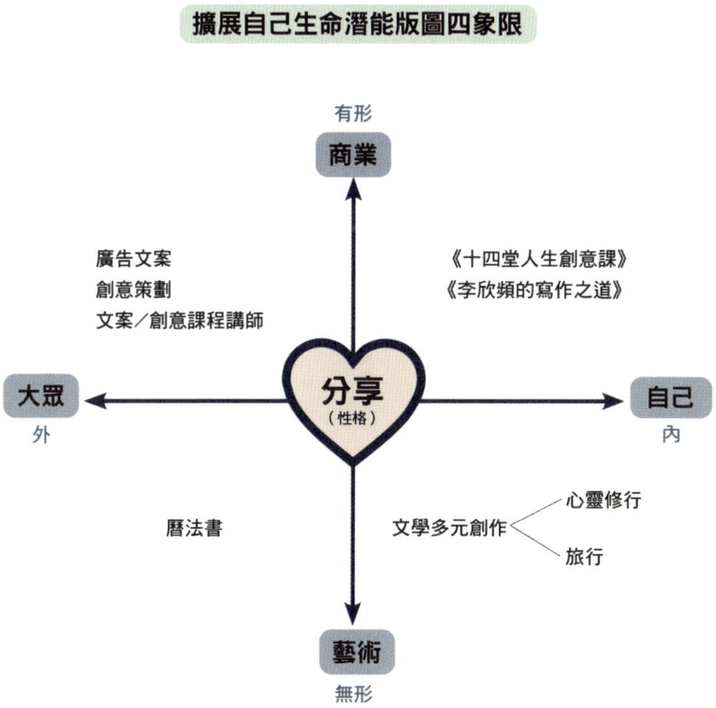

大家也可以根據有形／商業 vs. 無形／藝術、自己 vs. 眾人列為縱軸與橫軸，做為擴展自己生命身分角色的潛能顯化版圖。

【模型五（擴張式）：內向外向 vs. 己力團隊】

這是我所發展出來的第五個多元天賦模型：「內向外向 vs. 己力團隊」，橫軸是內向、外向，縱軸則是為「自己可獨力完成」還是「要團隊／人群一起完成」，以我自己為例（從圖一走到圖四，從雙軸分出來的 1 → 2 → 3 → 4）：

（1）獨立完成：作家完成一部作品

↓

（2）找到出版團隊：出版這本書

↓

（3）面對媒體與讀者群：新書發表會、讀者見面會、專題講座

↓

（4）自己在家面對群眾：直播、網路線上課、有聲書的講師

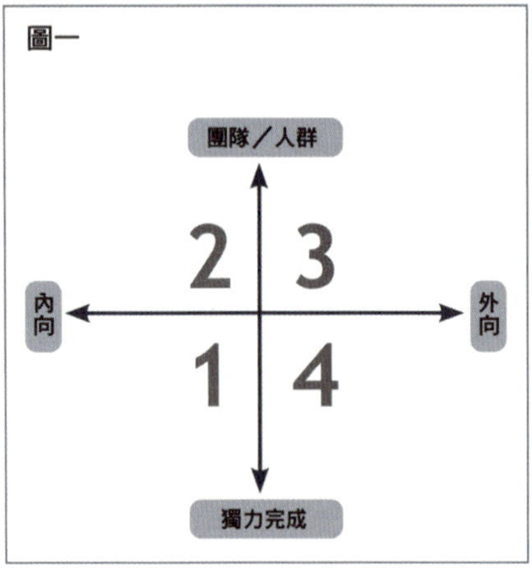

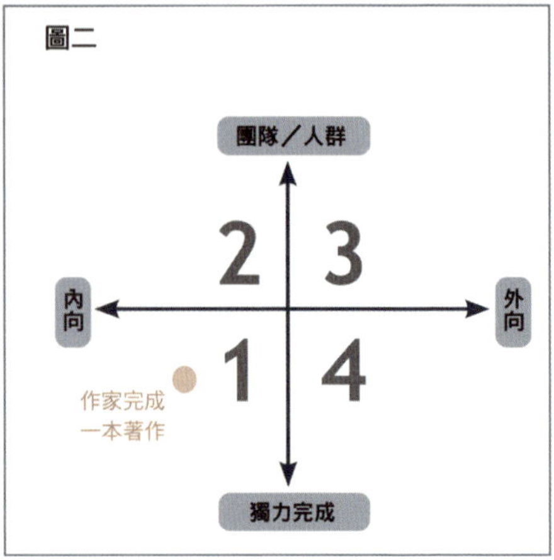

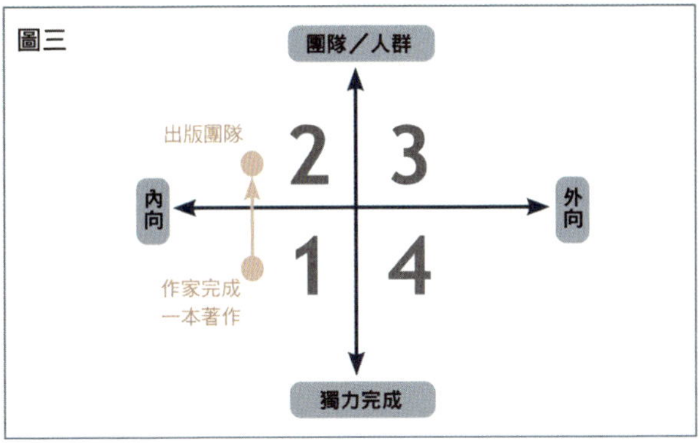

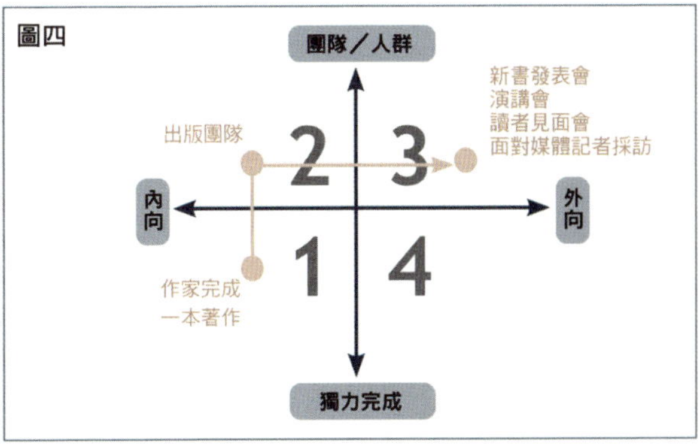

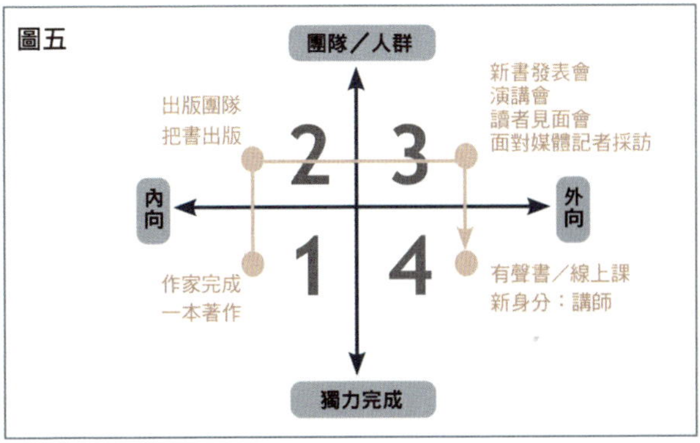

所以你也可以拿一張白紙來畫畫看，用這模型的全視角，去發現自己還沒找到的潛在身分。

【模型六（反思＋擴張式）：天賦五圈圖】

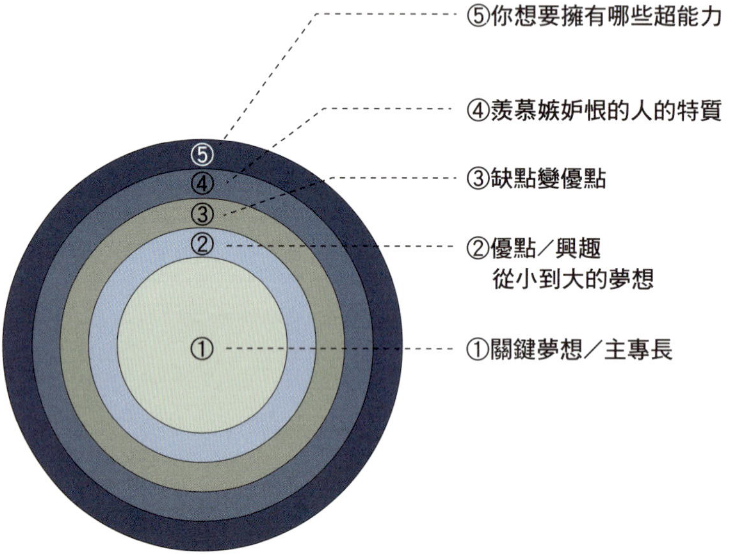

這是我發展的第六個多元天賦模型：「天賦五圈圖」，大家可依序填入：

(1) 關鍵夢想／主專長： 可參考「多元天賦模型一」的核心主專長。

(2) 優點／興趣／從小到大的夢想： 可參考「多元天賦模型

一到五」所發展出來的興趣、夢想、身分。

（3）**缺點變特點：**之前提到電影《水行俠》把缺點「海陸雜種」變成特點「海陸雙能雙棲」，我們也可以列出自己認為的缺點，寫出來之後再一一轉為特點，舉我自己的例子來說：

缺點		特點		身分
自閉	→	專心於內在	→	作家

（4）**我們可以寫下自己崇拜的偶像，羨慕、嫉妒、恨的人有哪些：**盡你所能盡量寫。列完之後，在每一個人名後面列出你崇拜、羨慕、嫉妒、恨他們的哪些特質、能力、際遇、作品，然後你把「崇拜、羨慕、嫉妒、恨」他們的能量，轉成盡全力去開發自己渴望發展出來的這些潛在特質或是潛能，這就是擴展天賦視角另一個很棒的方法。

等你啟動了這些原本「崇拜、羨慕、嫉妒、恨」別人的天賦力之後，那麼將來你就是別人「崇拜、羨慕、嫉妒、恨」的人了，然後記得請他們也轉向自己開啟潛能。

（5）**想要擁有哪些超能力：**我們可以寫下自己目前缺什麼，需哪些超能力（可以參看漫威電影），如果你把想要的超能力都轉為自己待開發的潛能，那麼你就會越來越厲害，這也是可以拓展自己天賦版圖的線索與途徑。

舉例來說，有同學希望能飛行，因為他想要環遊世界，但其實是他對自己的能力不自信，有很多設限，不認為自己可以藉由自己的能力才華來讓自己環遊世界。另一種可能就是他想要逃避現況，不認為自己有辦法面對現況、處理現況。有同學說他想要隱形術，其實是怕別人看到他「自以為」的缺點。有同學說想要有治癒疾病的能力，但他沒看到疾病背後藏有生命智慧的提醒。有同學說想要有可以對抗壞人的魔法，但其實他不認為自己有力量可以對付欺負他的人。

當我們想要某一種超能力，往往就把自己套進所有「英雄之旅」的模組設定裡：就是先弱化自己，強化對方，於是才能「照套路」來經驗試煉、苦難、折磨、啟動魔法、打敗惡魔怪獸壞人、成為英雄的過程。所以我們要先幫自己解封印，不需要先弱化自己，也不需要努力打敗假想敵就可以直啟原力。

【模型七（有系統演化式）：天賦森林植栽計畫】

我上次去日本明治神宮時，當地導遊拿出一張圖，說當初明治神宮原來是一片荒地，但他們想在東京建一個永遠的森林，讓人們有個可以安靜祈禱與祝福的地方，於是他們號召各地捐助了十多萬株，並有十一萬青年與營建商一起努力，在一九二〇年完工並對外開放啟用——值得一提的是，當初他們有三百六十五個樹種，雖然當時以較高的赤松、黑松，以及種植雖矮小但將來會長高的檜木、杉木來迅速形成森林規模與樣貌，但依時間演進，他們預視並畫出未來明治神宮的林相預覽圖（https：//www.meijijingu.or.jp/midokoro/）將會是闊葉樹（椎樹、樫樹）多過針葉樹，因為東京不適合針葉林生長，而且若遇到火災時針葉樹易延燃，闊葉樹較不會，所以昭和時代明治神宮遇到戰火，這座森林就成為當時東京人避難所在。目前明治神宮經過時間久遠自然淘汰，只剩下兩百三十四個樹種，共約三萬六千株樹，森林中還保有三千多種東京都內稀有或是新種的動植物，他們也陸續補進植物來維持森林四季茂密的風景，原本預估要百年後才有的森林，他們也提前完成了如他們所繪的樣貌，不得不佩服他們的遠見與計畫執行力。

我們也可以預想一下，未來五年、十年、二十年、三十年、四十年……自己的「天賦森林」樣貌為何？哪些是我們中長期想看到的樣貌，現在就要開始播種。我們可以拿一張大的白報紙，以多彩筆擬畫出自己的「天賦森林植栽計畫」，這是「天賦開花圖」的升級與擴張落地版，拉廣了空間也拉長了時間。如果你缺乏靈感，可以去翻閱《樹之書》（*THE BOOK OF TREES*），裡面有非常多很有生命力的手繪圖模型刺激我們的想像。

【模型八（全息擴張式）：全人的設定】

我們自小教育都是被分類組、分科系、分專業，久了就被碎片化，對世界只有片斷的體系。我建議如果你是文組的，建議要自學一些理工以及醫學知識；如果你是理組或是醫組的，建議要為自己補足關於人文、美學、文學、哲學……的相關素養，隨時看看自己哪邊偏廢了，還需要增配什麼能力——唯有讓自己理性與感性平衡兼顧，才能讓自己重新恢復「全人」的完整思維與視角。

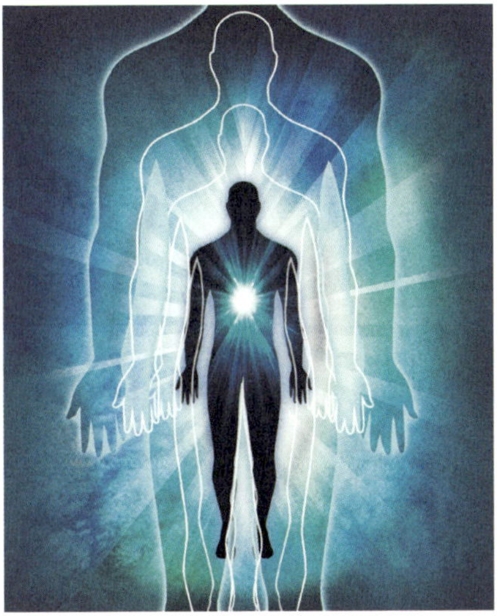

所以我有時會練習思考：如果有一天這個地球突然所有的科技產品都失靈，我們還能否活下去？如果沒有科技時我們都能活得很好，不至於無法生存，那就表示我不會過度依賴科技。有時我每到一個國家或地區就會想：如果我是當地最原始的人，我如何就地取材、如何生存、如何與其他的人共好……我也經常拿荒島求生類型的影片，如：《荒島餘生》、《一齣好戲》、《瘋狂副作用》、《屍控奇幻旅程》（*Swiss Amy Man*）……來鍛鍊自己的生存力與想像力。

此外，我建議大家可以多結交與自己不同領域的好友們，納為你們天命版的朋友圈，彼此串聯資源互助共好，以智慧視角與AI科技共創更大的天命版圖，彼此就是天命層級的合夥人。我還建議大家一定不要錯過各種線上或線下的藝術展覽或座談會，或是好的影集、電影，或是藝術展演，因為這些別人的天命代表作之中、只要有一句話、一個作品觸發了你的天命之火，就像是點燃奧運之火，接下來就是以你的生命時間來接力完成你的天命之旅。

跟大家分享我打造高階版自己的十二力：

1.「**高維自我更新力**」
→站在全息的角度，自我覺察與自我迭代的能力
2.「**一眼洞悉關鍵力**」
→在問題發生之前就把源頭解決的能力
3.「**全觀未來預視力**」
→知道未來幾步是什麼狀況，下一步該怎麼走的能力
4.「**全局綜效規劃力**」
→知道如何調度，達到綜合效果最高的能力
5.「**超跑加速行動力**」
→從頭腦到行動之間非常快速，不再自我阻隔的能力
6.「**財富多元顯化力**」
→真正看到自身的光芒，打開你自身所有的財富百寶箱的能力
7.「**人際關係和諧力**」
→不被人際關係拖後腿，而是與人互相滋養共創的能力
8.「**美感吸睛加值力**」
→以美為基調的創造力與加值力
9.「**快速應變創造力**」
→邊應變邊創造機會的能力

10.「**轉化機運幸福力**」

→不用問誰，你自己就能把機運，從崩毀轉向幸福跟幸運的能力

11.「**人生最高智慧力**」

→不受限於原有思維框架，了悟生命運作方式和法則的能力

12.「**豐盛心願完成力**」

→真正實現從內而外無限豐盛的能力

以上十二力，是我整理出來在未來需要更新升級的能力，就像每個月為自己加一個燃料艙，來推進更自由廣大的未來，只要以這十二個架構濃縮成啟動點，同時調頻、升起信心、做好決定、立即行動，來開展未來一年全息全新的願景動力藍圖，做為個人瞬間升維的指導方針——我自許自己要演進成：**半個地球學家＋半個物理學家＋半個天文學家＋半個古文明學家＋半個靈性哲學家＋半個醫生＋半個野地求生專家**，等到自己全方位完整後，再把自己升級到該領域有獨特觀點的專家。此外，我的作者簡介也有對「全人版的自己」清晰定位：**有著作家詩人的孤僻性格＋修行者洞察深處的眼睛＋旅行者停不下來的身體＋廣告人的纖細敏感與美學癖＋知識佈道家想要世界更好的狂熱＋教育者捨我其誰的使**

命感。你們也可以自己寫一下「全人版的自我簡介」，如果你想要借用一些完整的模型來填寫也可以，《圓圈之書》裡有不少多維完整的圓形架構圖可參看，另外大家也可以在臉書搜尋「Veda Alliance」，創作者陸聖喆有非常多模型作品，也能直接刺激你的全息多維版本。

圖片引自 Veda Alliance／陸聖喆

【模型九（量子跳躍擴張式）：預設平行版本的四個身分】

該如何在既有的人生道路上突破框限呢？如果我們想像，自己在人生每一個抉擇點上，當初自己沒選擇的版本，真實在另一個時空中進展著，那會與現在的自己有怎樣的不同？如果別的星球還有另一個版本的你，正活出與你截然不同的人生，而且比你現在的版本更接近你想要的狀態，你覺得跟現在的你有何不同？另一個版本的你可能已經完成了哪些事？電影《另一個地球》（*Another Earth*）提供了很具體的想像，這也是我構思「模型九：預設平行版本的四個身分」的參考電影。

如果我們試著把自己過去人生中至少十個「重要的抉擇點」都平行開展出「更好」或「更壞」兩種版本出來（可參看Netflix影集《薛西弗斯的神話》（*Sisyphus：the Myth*），舉個比現在「更壞」的例子是：如果當初有人被身邊損友力勸去吸食毒品，那麼現在在新聞中被抓到監獄裡的那一位嫌犯，或是在犯罪電影裡的主角可能就是他；或是如果有人因遲到錯過了一架墜機，那墜機倖存者的紀錄片就會讓他明瞭「上了那架飛機」後的版本會是怎樣的人生；或是身邊閨蜜跟老公鬧離婚，讓單身的她看到其實她也可能躲過耗時十年的家庭風暴。如果換舉個比現在「更好」的例子是：如果當初勇敢一點，去參加某一項比賽，或許現在在舞台上的就是自己……而這些都可以從新聞、電影中，你羨慕嫉妒恨的人身上，找到你遺憾懊悔自己有做或沒做的部分，這些現在再重啟就行，永遠也不嫌晚，就像有很多老先生、老太太到八十、九十歲才去圓夢的例子比比皆是。

當我們往上看到比現況更高維度的版本，也就能往下看到自己避開了怎樣更糟的版本：前者視野像是頭頂上有一個玻璃天花板（如電影《一級玩家》），後者像是自己在峽谷之上有一個玻璃天橋在腳下，可以看到如果沒有這座天橋，自己可能就在谷底的狀態。每一層之間都能彼此「觀摩」得到，但生活版本已截然不同，就像電影《全面啟動》層與層之間的差異，也像是巴夏以「平行現實的分光稜鏡」來比喻分層的概念：「你們以為彼此都在同一個現實之中，但其實不是，你正在創造你自己的現實版本，因此很多個版本就同時並存，就像分光稜鏡把一束白光分成不同顏色的光譜，分出了不同的平行現實，你可以在自己所處的那一個現實，透過玻璃看到現實中其他與你振動頻率不一樣的人，但他們不再影響你了，因為他們的振動已經碰不到你，除非你選擇相信你會受到他們影響。每個人都在自己的現實之中，你會與振動頻率跟你兼容的人和諧一致，但也會與不一致的人越來越遠，你們之間的裂縫越來越寬，相隔的玻璃越來越厚，如果你選擇的是樂觀、激情、興奮、創造力、愛的言語與行動，你所選的現實振動頻率就能更快具體顯化。」

以下圖為例，中間的方框就是「天賦開花圖」，也是協助我們建立核心天命與多元興趣的天賦羅盤，幫我們變身分＋變視角＝變版本。但我們在這圖框外再跳出來延伸出更大膽的思維：「如果在另一個平行版本的世界，人生重新來過，你想要的全新身分是什麼？」，這模型比天賦開花圖、天賦森林植栽計畫的跨度更大、跨界得更大膽。

平行版本的四個身分

如果人生重新來過，你想要全新體驗的身分是：

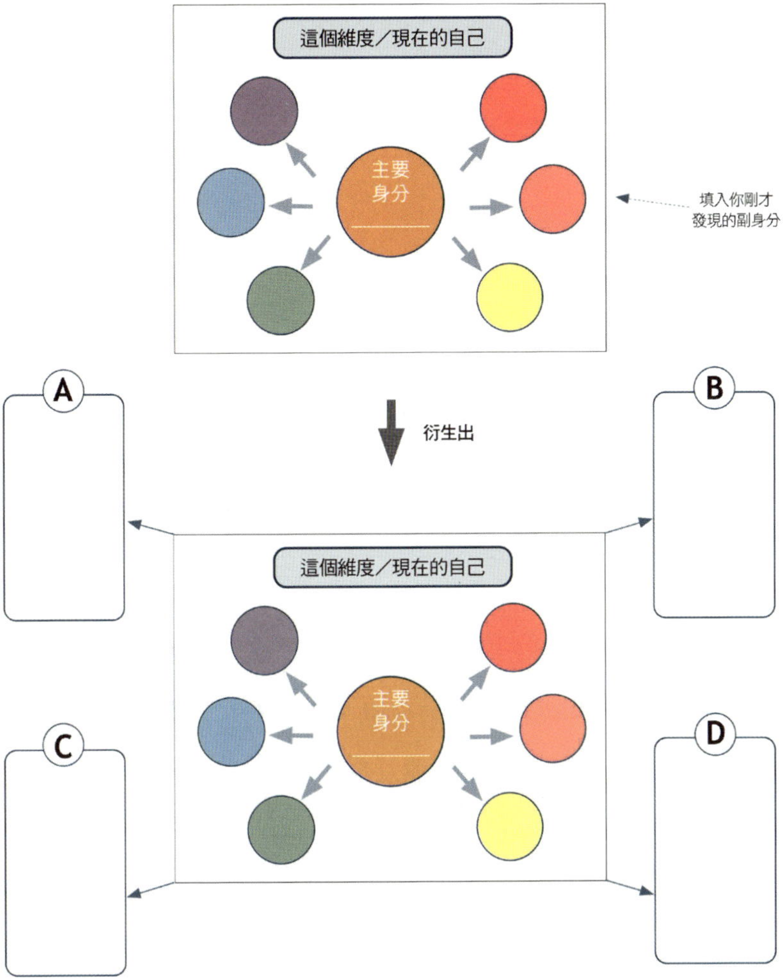

以我自己為例，編劇／導演、創辦創意學校、身心療癒者、畫家，就是未來我可以發展的四個平行身分。

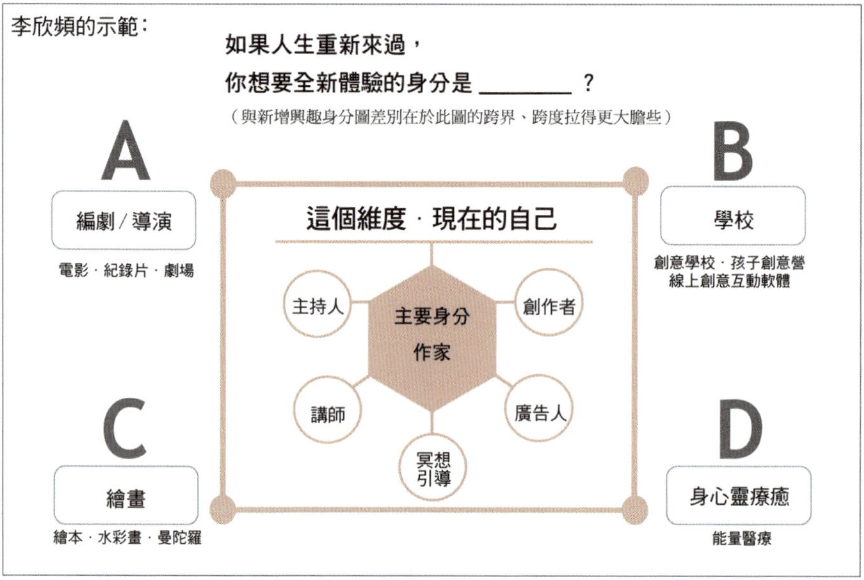

你們也可以拿一張大的白紙，大膽地狂想出至少四個平行版本的身分，這幾個身分最好要涵蓋「創意」、「表達」、「美學」三大領域，讓自己全面、全能、不受限於自己的專業。你可以一個一個顯化，也可以建立如巴夏所提出的「協同性人格」，將這些不同個性的身分，在一天不同時間段內輕鬆切換。舉我的例子來說：

清晨起床寫金句的是智慧哲人
早上安靜接靈感書寫的是作家
白天極勤奮工作的是商務人士
下午還在練街舞的是熱血青年
傍晚想要改善世界的是慈善家
晚上傾全命教課演講的是老師
半夜還在 K 書追劇的是超學霸

你們也可以好好整合出「協同性人格」的一天，可參看電影《消失的星期三》（*Gone Wednesday*），比方你有一個畫畫的自己、寫詩的自己、作曲的自己、建築師的自己、攝影的自己……當你走進森林裡，你已經開始在腦中出現流動的影像、流動的畫、流動的音樂、流動的詩，同時還有蓋一棟森林之家的靈感，一條路就同時開啟多重平行版本的自己；如果你加上「時間」的變數，就是你可以設定成四歲愛跳舞的自己、六歲愛哼歌的自己、十五歲想寫小說的自己、未來十年後想拍電影的自己……過去、現在、未來的所有可能，都在當下這個點俱足。

模型九→平行版本的自己→串流衆人平行版本→量子互聯腦→富酬者聯盟→模型十

從模型九到模型十，就相當於從九十九度躍升到沸點，讓廣大的多元天賦拉升到大我層，來高度聚能回「宇宙大爆炸」的原爆點，所以之間會經過幾個層次：

（1）**串流眾人的平行版本**：我以前看過一個例子，過去造船廠老闆要一個環節、一個環節盯造船廠工人，會耗費非常多的時間，但只要把他們都帶到港邊，請他們想像這艘大船完成後出港的樣子，他們就知道手邊的工作是整艘大船的哪一部分，自動就會串連完美－當你把大家的共同願望彙整成一張大願景圖，那麼所有人的資源就會自動匯流進到這張願景網絡裡，這就是最近流行的概念「串流」。

（2）**量子互聯腦**：把自己拉升到量子腦雲端，合力集結大家的腦，同步運算接下來所有可能的版本，進而彙整出現況之下的最佳版本。

（3）**富酬者聯盟：**李卡羅說：「世上還有比每日只為生存而活還美好的事物，愛會在人與人之間創造出富有活力的橋梁，其結果就是人們以慈心與關懷為出發點的行動，一切將會朝利益眾人的方向迅速改變——讓慈心成為你的指引，選擇具有美善慈心、彼此關懷的意識，你就是優美創造系統的參與者。」如果每個人都成為自己領域的菁英，只要彼此都以大愛豐盛的最高意識串連，強強聯合，就能創造出大家共好的最豐盛版本，自己的夢想才能在大家一起好的環境下發揮到無上限，即是富酬者聯盟。

【模型十（全息放射式）：宇宙大爆炸式無界開展與演化】

宇宙大爆炸是一個巨大的創造能量，我們可以藉由看模擬影片，想像把自己的多維天賦圖聚合到宇宙大爆炸的原爆點，向四面八方全象限地無限擴張，毫不費力，因為放射出去的每一部分都有自己的動能，這就是順天道而行的輕鬆。大家可以「創世者」的角度來做最瘋狂、不設限地創造，這比第二篇「聚焦天命圖」的規模更大、更無限，直接進階到了開創星系星雲的宇宙創世學。

【模型十一：地水火風空五元素圖】

接下來我們就可以發揮自己的創意，借用不同的模型圖，來擴大自己的天命天賦藍圖，例如我以「地、水、火、風、空」，五元素圖來圓滿自己的各個面向：

圖1　示範版

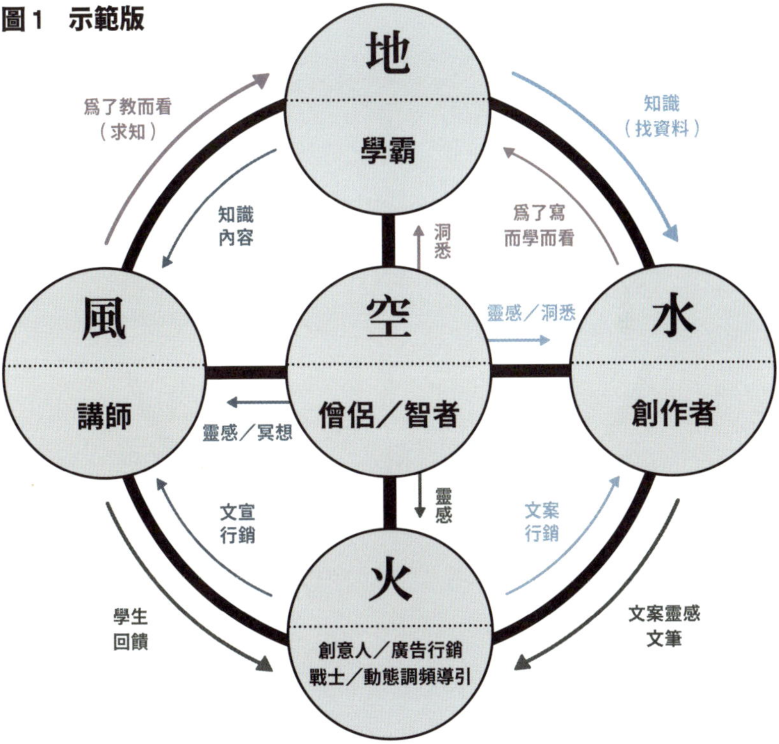

你們也可以用這張空白圖，依照地、水、火、風、空的五種屬性，來填寫自己的天命天賦天職全圖：

圖 2

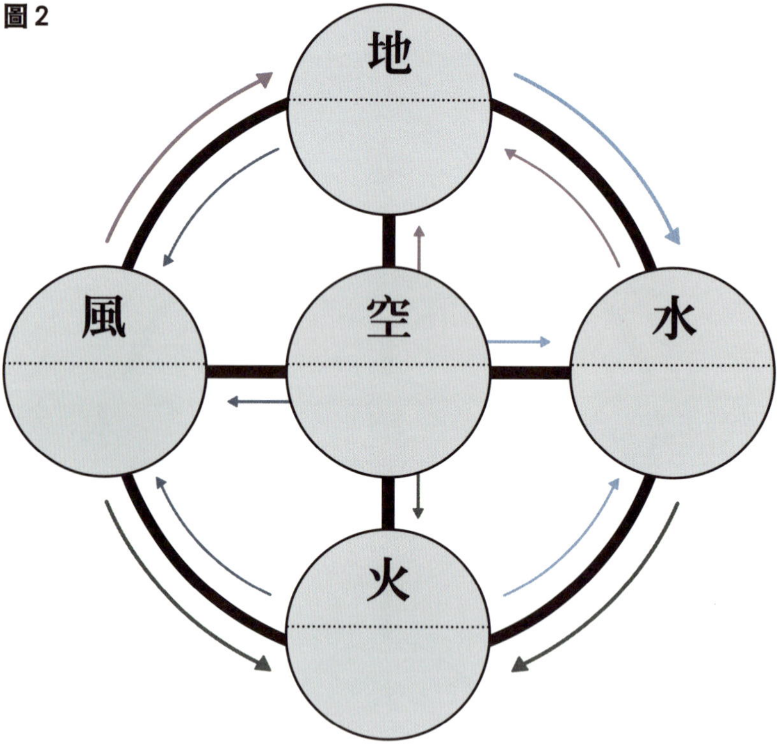

【模型十二：木火土金水・相生相剋圖】

我也嘗試用中醫的木火土金水・相生相剋圖，來繁衍自己的天命天賦天職全圖：

圖1　示範版

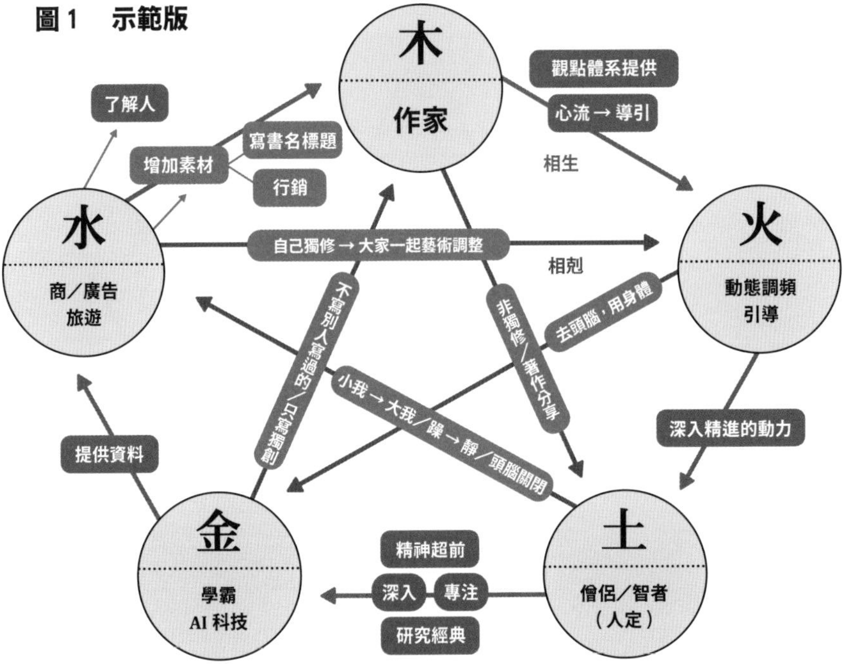

你們也可以用這張木、火、土、金、水・相生相剋的空白圖，來填寫自己的天命天賦天職全圖：

圖 2

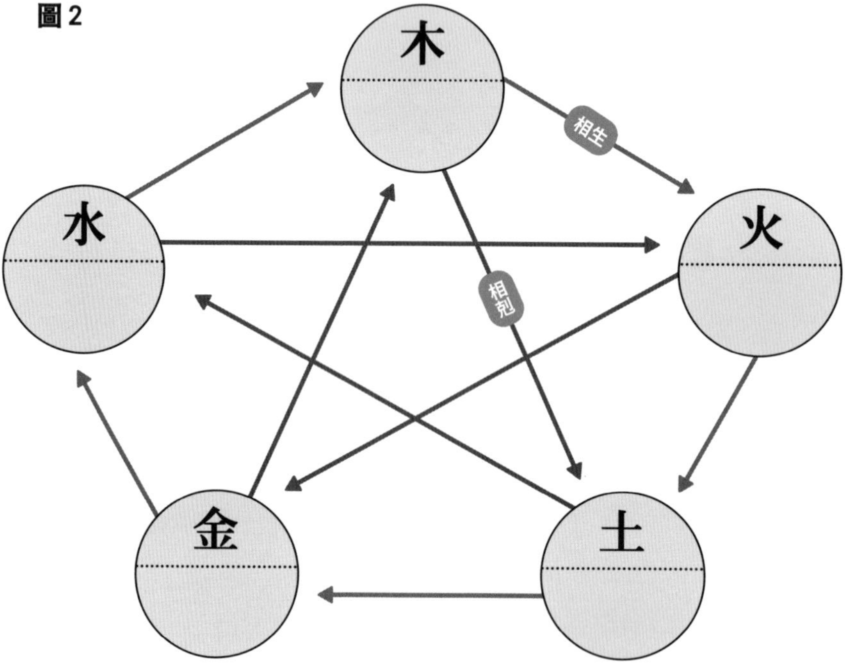

以上十二個擴展多元天賦的模型，提供大家做為拓展自己天命、天賦、天能、天職的參考，相信你們也能夠發展出屬於自己的天命天賦模型。

PART

5

多元天賦→天能→量子天命的英雄回歸之路

第一章

多元天賦到天能

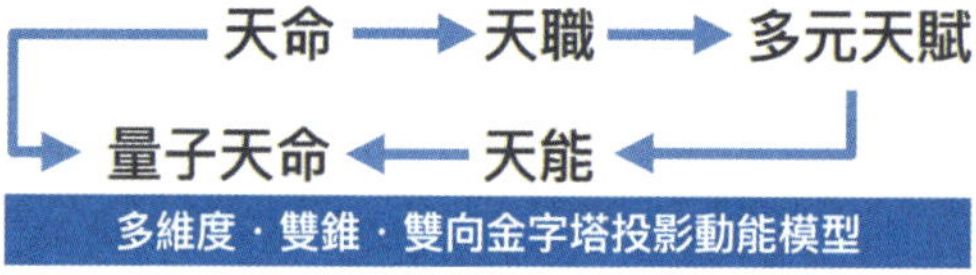

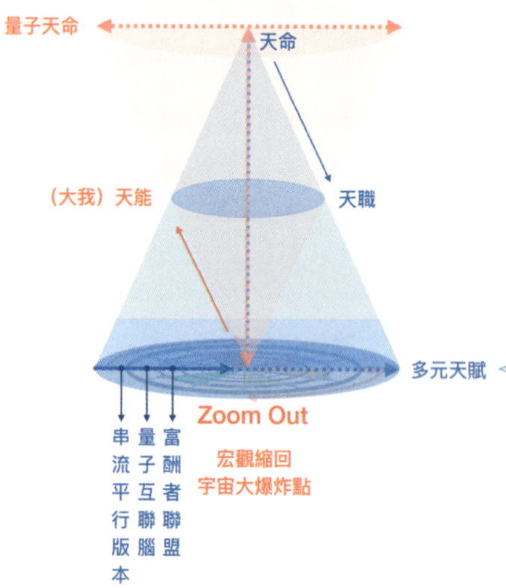

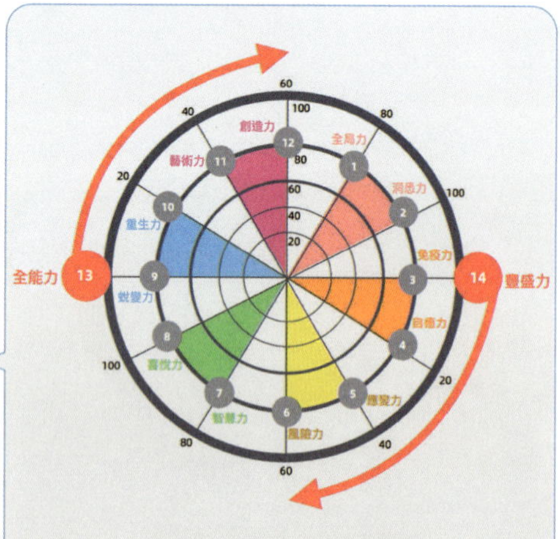

全方位自我升級的十四組動力結構

當我們完成了十二個擴展多元天賦的模型，就可以直接進入「大我天能層」。「天能」這個詞在二〇二〇年因為克里斯多福諾蘭（Christopher Nolan）電影《天能》（*TENET*）成了流行，其中「旋轉門」、「熵」、「鉗形時間」都是很好用的概念——也就是說，當你從多元天賦濃縮成了宇宙原爆點，就像是投射出了巨大的創世動能與光芒，於是你就會瞬間被看到，同時也啟動了大我版的「天能圈」成為我們強大的原力配備，彷彿上天突然賦予我們所需的超能力，接著來自八方的資源就順著這股向上的漩渦，流進到我們的場域之中，這就是比你原來的天命更廣大、更具有更多元可能性的「量子天命」。

當你可選擇的版本變成無窮無盡，你就要決定要讓哪個版本的你，從未來的旋轉門顯化過來。在我看電影《天能》的四天前，我在寫作班上教的正是「先把自己移到」未來大我版作家的自己（精準聚焦）→逆向投射路徑到現在的自己（收集軌跡給現在的自己）→與未來版的自己一起往未來作家版的自己前行（鉗型時間：未來的自己，與現在的自己一起「夾住目標任務」共同行動）。當時我是以三段音樂，佐以我的導引帶領現場七十七位同學一起戴上眼罩全程盲寫，我很驚訝的是，這才第一堂課，但我所見到的同學們都直接進入「狂寫」的狀態，其實這就是我寫作的方法，就是「接收」未來的我丟來的「封包」，不是靈感而已，而是整本書的完整內容，還包括書名、書封圖、書封文案……當我接到後，會做兩件事來開啟封包：

（一）寫這本書的感謝序（此時書一個字都還沒寫，出版社也都還沒找），（二）找到能下載這本書的音樂：我會建議大家先選自己有感覺、能寫出代表作的天命音樂，可以在網路上搜自己有感、有激情、有行動力的曲子，或是搜尋歷屆奧運開幕、頒獎、閉幕的音樂，補充進自己啟動天命音樂庫。

只要我夠專心，不分心去做別的事，就如同《天能》裡提到的：先學會「放下」子彈，你才有可能「拿起」子彈，這是以「熵」的逆時來比喻：我們得先改變慣性，從未來已定的「目的地」投射到此時此刻的你。

也就是說，如果把自己放到「未來」的點看「現在」，路徑就會跟現在自己的習慣是逆向的，換言之，就是你以為寫作要努力「控制」，事實上剛好相反，是要放鬆才能收到未來丟過來的「已完成」封包。我已經用這方法長達十五年，在《夢・前世・靈魂之旅》書中寫下：未來的自己（就是現在五十四歲的我）與當時三十五歲的自己對話的過程；《人類木馬程式》是未來七十歲的我，丟給五十四歲的我；《人類大疫考》是五十四歲的我丟給五十歲的我，裡面下載的就是現在的我們，提醒二〇二〇年該要馬上準備應變的行動方針。

事實上，寫作就是我的那道「旋轉門」，是未來的我丟「未來才有的概念與想法」給現在的我，TENET是信念之意，如同有人已經提到TENET是SATOR SQUARE回形文中間之詞，正念倒念意義均同，這即是時間的秘密：如果你把一部影片倒著放，與正放的邏輯是一樣的，只是換一種觀看視野而已，如同全息鏡相複製萬花筒空間的概念，正看反看怎麼看都一樣，這也是為何我看雜誌、看書，有時我會從最後一頁往回看，或是有時看影片時也會倒轉，如果我們能發現正行與逆向之間的共同邏輯，那麼我們就掌握了「天能」。

第一遍很難完全看懂電影《天能》，但等到看二刷時，電影一開頭就能讓你接回第一次看的片尾，你就知道這是一個「循環式」的時間，一如片末所呈現的：這不是告別，讓我們在「開頭」見，這也就是人類生命時間的輪迴設計：如果再來一次，我們會做怎樣的決定？這亦是諾蘭在《記憶拼圖》（*Memento*）、《星際穿越》（*Interstellar*）、《全面啟動》慣用概念，也是影集《薛西弗斯的神話》、《哆啦A夢》時空穿越的動機。

TENET字形與發音也跟「TALENT（天賦）」很像，對我而言，其實是屬於同一條邏輯：先對準「大家共好」的未來版本，未來自然就有天能版的自己，透過「天賦旋轉門」把「概念／作品／物品」丟給我們，然後再透過我們的創作、創造下載到此時此刻的人間。電影中誰有天能？為何天能只能在「未來」完成？因為只有「看過未來」的人才知道後果是什麼。就如電影所提到的，每個人都想跟未來溝通，但有多少被未來所回應呢？差別就在你對準了「大家共好」的天命嗎？在片中兩個派系其實都是想「拯救地球」，都有天能，這就是維度之別，所展現出自由意志之別的戲劇性衝突，即是地球為「二元對立」學校，終將往「合一、一元」的方向進化之必經歷程，這也是為何建立【模型九：平行版本的自己→串流眾人平行版本→量子互聯腦→富酬者聯盟】，節省的是在二元對立劇場裡繼續拉扯、競爭、對抗、衝突的時間，直接進入大我創造版本。所以接下來要決定的是：你要讓哪個版本世界中的你，從旋轉門過來與你會面？

第二章

天能→量子天命版的英雄回歸之路

當我們重新聚焦在大我創造版的天命維度，就會進入量子態，相當於從「自我天命」的原出發點「量子跳躍」到這個領域的大愛頻率天命層，這一跳躍就會釋放巨大的光能。也就是說，「多重詮釋天命」其實是逐漸校準「量子天命」的途徑之一，但如果能「一步登天」或是「鯉魚躍龍門」的「量子跳躍」方式也行，只要自信決心、動機動能足夠即可。「多重詮釋天命」可謂實修派，「量子跳躍天命」則為奇蹟派，差別只在對自己的自信力度有多大。如果很難理解「量子跳躍天命」的意象，可以看《奇異博士》電影中古一大師以手畫開蟲洞的畫面，我們任何人都有能力在當下此時此地開啟一個截然不同的時空頻率，然後直接轉換版本，就像是「放下屠刀立地成佛」那樣快速，其轉變所需要的時間、夢想所需要完成的時間，就只是調頻的時間而已。所以這個「量子天命層」就是我以前提過的「心誠事享」最高境界，這也就是坎伯（Joseph Campbell）在《千面英雄》（*The Hero with a Thousand Faces*）最後的英雄回歸之路。

「一顆種子，在某時段、某地長成一棵樹」，是單一視角的天命觀，如果視野拉升到高空中俯瞰整個地球全覽圖，看到「一顆種子在不同時間、不同氣候、種在地球上不同地方」所有可能性的匯總，也就是以量子物理學多個平行時空概念，來看一顆種子所有維度的無限版本，我稱之為「多重詮釋單一個體天命」的量子多維時空視角——我們一生充滿了各種機遇與選擇，每一次機遇、每一次選擇的當下頻率，都會導向不同過程、不同結果的版本；如果我們能充分感知到：每一次機遇背後隱藏未來的各種可能性，並且預覽完當下所能搜尋到所有版本的過程與結果，那麼這個「多重詮釋天命」網路之上，其實就已經浮現出類「上帝／造物主視角」，只要再把自己拉到那個維度往下俯瞰所有可能版本的流動，就像是一顆種子的最大可能性，串聯另一顆種子的最大可能性。當所有種子的無限可能，包括過去所有種子歷程的大數據庫，以及未來將出現的所有種子各種可能性全都純粹無染地感應共振，也相當於把自己拉到外太空的角度「同時看見」地表上每一條河流的起源、上游、中游、下游、入海，這就是「量子腦」狀態。

當我們站在「創世者」全知全息的角度，就等於同時擁有了所有維度的決定權，自然就能預設一切能力都能信手拈來、瞬間下載，這就是電影《露西》、《駭客任務》、《奇異博士》的境界，就如同我畫的這張「4M 升維動力圖」（下頁），我們可以從地面往上慢慢升維，但也可以從「量子天命」的維度直接收下這張「全息圖」，於是相應的天能就可以瞬間且同時開啟。

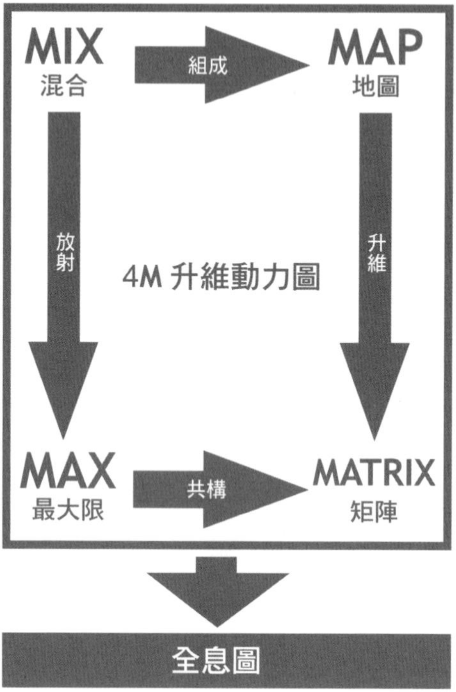

更高階的生維時間學

我不認為只有某些人才算是有影響力者，只要心存良善，升維到大家共好的天命大願層級，我們就能輕易找到天職、啟動天賦，與生俱來的天能力就會瞬間被開啟。覺醒只不過就是把迷障帷幕打開之後的清明視野，能洩漏的都不叫天機，「源」廠早已設定好，一切都只是喚醒自己內在而已。

一旦在天能層，我們的時空感就與過去大不同，這在幾部很燒腦的電影裡都提過，我簡單提煉出幾招很厲害的時間魔法，大家也可以再次重溫這些影片，當成是自己的天能特訓教材，但以下的方法都必須在無木馬障礙、無夢想電阻的真空狀態下進行，木馬包括不自信木馬、爭贏木馬、猶豫木馬、茫然木馬等等，很多人覺得這些障礙是別人造成的，但其實都是自己設立的、也是你允許它發生的，如果這些木馬沒清，就相當於你在幫水加熱，每一次快到沸點，你就降溫，然後你又要再重新加溫，然後快到沸點你又降溫，所以水永遠都沒有煮開／完成的一天。所以你想做什麼，就是一鼓作氣，千萬不要再而衰，三而竭——只有先清理「戰場」後，你才能無包袱、無負向業力牽引地自由玩轉時空。

（1）韓劇《W》的時空停頓法：

關於時間暫停，或者我們說是時空停頓，是很多科幻電影愛用的橋段，比方印度片《逆轉時空》（*24*）主角按下一個神奇的錶讓時間暫停；《露西》在紐約時代廣場上把時間暫停，往前或往後地看時空變化；韓劇《來自星星的你》（*My Love from the Star*）、《永遠的君主》裡男主角也啟用「時間暫停法」，趁大家都凝固不動時做一些更動——我們可以這麼思考：其實時空並沒有被暫停，只是某些人的時間可以精微到「一秒」鐘就夠長到足以做完整的觀察、決定、或是修改（就像魔術師），但一般人是無法察覺的。只要我們平時可以練習瞬間讓自己暫停十秒，看一下周圍人正在幹嘛，雖然世界在流動，但卻已經被無意識的慣性固定成一種流向，所以只有清醒的人可以看到並決定是否要更改。

（2）《關鍵下一秒》各版本全覽之量子腦：

電影《偷天情緣》（*Groundhog Day*）、《偷腦》（*Possible Worlds*）、《真愛每一天》（*About Time*）在講的是同一套劇本、同一批人，但展演出不同的結局，或是像電影《命運觸控點》（*Touch*）以拼貼線索的方式慢慢知曉全圖，所以要花很長的時間才能體驗完「全版本」。當我們進入「量子腦」，類似電影《露西》的全腦開發狀態，也像電影《關鍵下一秒》（*Next*）主角能在最危急時刻，一次高速全覽各版本，我們就不必花很長的時間「試錯」，直接在當下選擇並活出你要的版本，也相當於與你要的未來發生量子糾纏現象而達到「瞬間傳輸」。

（3）《異星入境》的因果同定論：

電影《異星入境》（*Arrival*）中外星人的圓形文字，頭與尾是同時形成的，當你起了怎樣的開頭（初心），其實就已經注定了結局的版本，因果同時生成。就像電影《今天暫時停止》，主角每一次清晨起床的心情頻率，決定了一天最終的版本。

（4）《全面啟動》喜悅與憂傷頻率，讓時間感有快慢之別：

在電影《全面啟動》中穿越不同層次的夢境，時間感的快慢也會跟著改變——越黑暗的潛意識、無意識底層，會感到度日如年；越往幸福的版本，快樂的時間總是飛逝。也就是說，當我們在「興奮喜悅頻率」時的夢想動能與顯化速度，比「痛苦憂愁頻率」快得多，這就是我常跟學生們說的：「先調頻率、再做事情」的原理。

（5）《天能》旋轉門之未來逆行省時法

借用電影《天能》、影集《超時空感應》（*Flash Forward*）的概念：從未來逆行回來的你，一定比現在的你高維省時，因為他已經走過你的路徑，甚至有可能已經走過多種版本的你，所以他能提供軌跡給你，以省下再次犯錯的時間。

所以要完成你心目中真正要完成的事，最簡單的方法就是鎖定你要的未來版本的你，然後以那個未來人的角度看現在的你，未來的你想給現在的你哪些軌跡、線索、情報、提示？然後把未來的你拉到現在時空跟你一起同行，等於現在的你是順行往未來，但未來的你是從現在逆行回到未來原出發點。這概念在《探索時間之謎》書中有提到類似的例子：「只要把陳述句全都以現在式來表達，不再用過去式或是未來式表達，就能展現當下無限可能的力量。」

我自己在看新科技發明的影片時，也會以十年後的角度來看這發明哪些地方已經落伍了，於是就能看到可改進的空間。高維時間術就是「天能 Tenet」，即是：以時間換取空間，把本來要運行很久的部分先行打包，需要時再相應打開，而不再需要從頭到尾走一遍，就像是壓縮後再解壓縮的「以時間換取空間的演算法」——把未來已完成這件事的自己，打包逆行過來與現在的你一起同行，就像你找一個高維度、對路徑已經很熟練的嚮導，帶你像是俯瞰模型一覽無遺那樣的高我視野，直接做最清楚的決定與行動，就能瞬間通關以縮短英雄之旅的重複關卡，比你自己要去試一百萬種方法的途徑快多了。

（6）《星際穿越》引力時間膨脹學與跨次元溝通法

重力讓時空扭曲、讓時間膨脹，在強大重力場附近度過一小時，遠離重力場可能已經數年。簡單舉例：假設你坐太空梭在黑洞邊緣待一年，之後再回到地球，地球可能已經過了十年、二十年或三十年以上了，或是如電影《星際穿越》所說，在黑洞附近待一個小時，地球就已經過了七年。

Gable 說：「雖然我們很容易認為『時光飛逝』是因為我們過得很愉快，但研究指出，那些快樂時光的細節，才是造成時間過得快的原因……真正關鍵的是尋求某些目標或是成就導向的行為，單單感到滿足或是滿意可能不會讓時間飛逝，但是感到興奮或積極追求令人渴望的東西可以。」——我在教寫作班時，就是請大家先用想像在外太空建一個自己的星球，離地球越遠、離黑洞越近越好；我們還可以這樣想像：如果你夠專心，就相當於你在生命重力很大的狀態，那麼你高度專注創作一小時，就可以完成過去散漫不專心需要好幾天、好幾週、好幾個月、甚至好幾年的事。

電影《星際穿越》裡還有一個橋段：五次元的自己想傳訊提醒三次元的自己，我們也可以在平時幫助那些「正在經驗自己過去困難關卡」的人，你幫他們也相當於幫助以前的你，只要你打開維度之門，未來的你就會以貴人的方式出現在你周圍來幫助你。

（7）《奇異博士》之意識開蟲洞時空學

電影《奇異博士》古一大師手畫出蟲洞的概念更快，就是直接鎖定要的狀態，劃開蟲洞就直接進去，點到點速度比線性快。就如同 Tony Robbin 所說的：「當你與新的頻率對齊，所有不再對齊的都會消失」，以及 Neale Donald Walsch 提到與電影《靈魂急轉彎》相同概念：「一旦你準備好將你的日子與時間，真正投入到靈魂來這裡要做的事情，你會發現你的生活超乎想像的富裕。」

(8)電影《每，一天》的最高巔峰法

電影《每，一天》（*Every Day*）的劇情很有意思：A 每天早上都會從別人的身體裡醒來，他就為這個身體去創造最非凡的一天，讓那一天變成這身體主人的轉捩點，或是最快樂、最巔峰的一天。《今天暫時停止》只是在一個人的版本上去做變化，但《每，一天》是幫每一個人升維，如果我們同時開啟「周圍的人與自己一起好」的版本，這就是量子天命的雛形。

第三章

天命之作與天命之旅

我之前在《心誠事享》與《人類木馬程式》說過的：「我們與夢想之間，只差一個頻率！」只要我們認為有可能，眼前的現實就會擴張，這在電影《時間的皺褶》裡有一幕：小女孩走在空中，她眼前的階梯只有她一人看到，其他人看不見她的維度，就像如果你看到小時候的柯比拿著襪子揉成籃球狀去投垃圾桶可能會覺得他瘋了。當你以想像之眼看到自己的天命藍圖時，別人不理解我們是很正常的，因為他們真的沒看到，但如果你因此抹掉了這張藍圖，你就與你的天命之作擦身而過了。

你有沒有足夠的氣場接下天命之作？

因為天命比你的命還長，還能涵蓋所有人的夢想！當我們進入天命頻率，自然就會孵育出「天命之作」的胚胎。我們以高第「巴特羅之家」這個作品為例，據我們當時的導遊所述：巴特羅先生委託高第來建造自宅，高第說：要我設計沒問題，但不可以修改我的設計圖。後來建成之後，巴特羅女兒的鋼琴搬不進屋內，高第跟她說，妳可以改拉小提琴——我無法查證這段對話是否屬實，但對我們的啟示是：沒有自信的人是無法接下天命藍圖，因為天命的承接者必須要有足夠的霸氣，來保護夢想的純度不被世俗現實修改，如同高第不允許出資客戶或是當時的建築法規更動、修改他的設計，如同母親得保護胎兒的成長不受別人影響（還好肚皮不是透明的）。

此外，施工的團隊也必須想辦法配合高第打造建築裡外史無前例的曲線，因為完全沒有固定的模板規格可套用，高第的名言是：「直線屬於人類，曲線屬於上帝」——可以試想一下，如果我們就是他的建築團隊，你對於他的「無理」要求，你是會想盡辦法完成？還是想說服他用簡單的工法了事？

要接天命還需要有一個心理準備，就是往往這種世界級的天命之作是遠遠超越時代，所以不被當時人理解是很正常的。當時巴特羅之家被批評為當地最醜的建築，巴黎鐵塔、羅浮宮的玻璃金字塔也有同樣的命運，但巴特羅之家現在卻是整條街上唯一被來自世界各地觀光客圍觀拍照、排隊參觀的知名地標，它的光芒大到即使藏在巷內都能被人找到。

再舉「完工後將是地表上最高的教堂、目前已列入聯合國世界遺產」的高第聖家堂為例，這麼偉大的建築，他不讓預算、建築法規、完工時間限制這個天命之作的規格，據說它之前沒成功取得建築許可，而且只接受個人小額捐款，錢有多少就蓋多少，他的名言是：「我的客戶上帝祂都不急了，我急什麼？」——高第不會急著要聖家堂在他生前完成以留名，因為靈感來自於天，榮耀不會歸於自己，所以天命之作留存的壽命鐵定超過人命，只要不被人為或天災破壞。所以我們要問自己的是：如果我們突然有了像高第建築的靈感，你有足夠的自信、氣場、氣度可以接下天命嗎？你有足夠的勇氣可以不怕批評地保護它嗎？因為天命比你的命還長，也就是說你得先要把自己調到天命無懼、無限的頻率，否則是接不了天命的。

對於高第而言，當他接下聖家堂的設計案，完工後的樣貌已經提前從他腦中浮現出來，他比任何人都提早感受到聖家堂的壯麗之美，在高第可見的維度而言已經完成了，剩下的就是畫出圖，等後人顯化到這個世界上。

高第之所以難得，是因為世界奇蹟建築，例如：長城、紫禁城、埃及金字塔、希臘神殿、泰姬瑪哈陵⋯⋯過去都只有帝王君主才有權、有錢、有企圖、有意志力、有人力、有美學野心來全力建造，但高第既無權又無餘錢，他以非帝王的身分接下這個建造時間超過百年的天命之作，也只有他的霸氣才能舉起世界級的夢想，讓許多建築團隊放下自己的工作，來幫他完成天命。

我前後進去聖家堂三次，每一次進去都是感動到立即掉淚、根本不想出來，因為裡面的氣場既浩瀚又完整，彷彿那裡就是一顆獨立的夢想星球，與現實世界無涉的神聖場域，讓外面的人想進來、裡面的人不想出去——這麼大規格的天命頻率喚醒了我們，應該要以這樣的神聖頻率來做事：把藝術表演做到觀眾都意猶未盡、捨不得它演完；把料理做好到只要吃了這家就沒法忍受其他難吃的餐；把一部影集拍好到一看就停不下來……只要別人一進入你天命之夢的場域後就捨不得離開，覺得你的夢想比他們的更好玩，大家就會圍過來與你一起圓夢，於是很多資源就會流向你，路也會為你所開，這就是「量子天命」級的境界。

正因為天命超越時代，所謂的天命之作，是從一個人開始，但不會在他過世後就結束，因為這個天命夢想太巨大到足以涵蓋很多人的夢想，每個人的夢想都只是它的一小部分，而且一完成後所有的人都比原來更好，所以這個大夢也是所有人類的夢，後代自然會繼續延續完成它。建議大家可以搜看聖家堂的照片、紀錄影片、相關書籍與報導，也希望大家一定要去現場體驗聖家堂偉大的天命氣場。

盡你所能，趁早開始你的天命之旅

有一次我在帶歐洲藝術團，當我們在參觀美術館時，我轉身跟一位藝術家團員說，你可以「借景造夢」，把整個美術館想像成你的私人作品館，他很驚訝地說：妳怎麼知道我正在這樣做？

藝術本身就是一種升維的能量，代表以一種創世、創造、創意者的角度來詮釋或演繹有限的現實，也是通往大家共好的途徑——我從二十一歲至今，想盡辦法接觸各領域正活在天命頻率之人，參訪世界各地最精采的人文地景，無論是知名建築地標、世界級的音樂、戲劇、雕刻、繪畫、藝術、米其林美食、頂級飯店神級般的服務水平……或是震撼人心的絕景：玻利維亞全鏡相的天空之境、遺世獨立的馬丘比丘、璀璨鑽石光的的喀喀湖、挪威與阿拉斯加的極光、撒哈拉沙漠的日出、亞馬遜叢林茂密且多樣的植物、非洲馬賽馬拉大草原上的動物大遷徙、南極的企鵝與鯨魚……只要你體驗過最厲害的格局境界，你的感官視野就不可能再逆轉回去原來的狀態，這就是曾經滄海難為水的道理，也是「天命之旅」的意義：拉大尺度、拉高眼界、拉升維度，感受頂峰經驗的美學，你會被這些天命之作的頻率震撼啟蒙，並點燃你的夢想激情，從此不再被自己局限的想像力與金錢所阻礙，直接進入量子天命層峰；而這些感動在未來可自由無上限地轉換成才華的作品金流、感動的人流，所以建議大家盡可能在年輕時多多去世界各地參看這些鬼斧神工的大自然奇景、大師級的天命之作，也包括閱讀這些已經活出天命的大師傳記（例如《喚醒你心中的大師》）、紀錄片、電影，來作為啟動你天命的引信。

第四章

量子天命視角下的新世界未來學

當有人展示出整張巨型拼圖的完整願景，並拿出了他的第一片拼圖，於是大家每個人都同時拿出自己手上那片小拼圖放在願景的相應位置上，於是資源瞬間匯集完畢，即是天命可以高效且大規模完成的秘訣。

《黑天鵝》的作者 Nassim Nicholas Taleb 提到：「人們不可能計算出黑天鵝事件發生的機率與風險，應將重點放在減少不利因素，透過降低暴露在負面事件中的機率，讓自己擁有反脆弱的能力」，但我覺得光是降低暴露在負面事件中的機率還不夠，如我剛才說的，最重要的是「現在」就要預先平行建立高維、與 AI 科技協同的未來版本，過去就像是正在崩斷的舊鐵軌，讓很多人已經無法回到原來的生活，我們得同時建立新的磁浮列車軌道通往全新典範、應付未來變動更有彈性的新生活方式，開始「量子跳躍」到一個我們真正想要過的生活，從現在開始每天花時間在上面：如果你想要未來住在森林裡，你現在可以做的就是盡量找時間去公園或大自然走走，開始籌劃並執行你未來山居生活的環境場，現在就盡可能地活在你要的生活頻率之中，等到你新建的頻率穩定了，成真了，舊的模組就可以自動脫落，就像毛毛蟲在蛹裡蛻變成蝴蝶後，就可以把舊蛹丟棄了，這需要有前瞻預見力、現在就啟動新頻率的決心，與永不停止的強大執行力。

過去學校學的知識，在 AI 科技時代來臨時大部分都過期了，新的又來不及有系統地被建立起來，所以我們可以「多維版自己在未來新地球生活」的視角，預先設計並創建出自己的未來學校、學院、學科，以重新詮釋經典來建立地基，加上未來前衛科技如 AI、VR、AR、基因工程……來編入教育自己的學程，正如同《改寫人生的奇蹟公式》裡有一個概念很棒：「我們所經歷的世界，是我們想像出來的，那麼要改變世界，你只需要改變你的想像」。以下是我以全球未來趨勢視角，為自己建立出培訓未來版自己的「新世界未來學」，目前是一邊建立學程、一邊學習、反思、創造、實踐，大家也可以拿出一張非常大的白報紙貼滿牆上，開始虛擬建立自己未來學校的模型與創作學程吧。

新世界未來學之一：
以生物訊息場／基因工程／能量醫學角度
讓我們更聰明地保持健康

我與三位生物訊息醫學專家不定期地見面多次，探討生物訊息場、信息醫學、能量醫學、基因工程，以及目前正與一位人體結構工程學專家學習中……我把自己當成醫學院的學生跟他們四位請教，我也正在研究身心疾病與內在木馬程式的關係。

我們必須把自己以及周圍人的健康視為是自己的責任，而不是推給醫生護士花錢了事。也就是說，我們必須在將來的學習中，納入目前最前衛、最先進的醫學知識，隨時根除將來可能發生疾病的因，在未來我們不僅可以幫己助人，還可以省下大把看病的錢。

所以我建議大家也可以開始加一個新身分：結合「中西醫、主流與非主流」整合觀點的醫學院學生，可以思考目前自己的專業加上醫學會是什麼？比方如果你是餐飲業，餐飲加上醫療就是「食療餐廳」；如果你是美術設計，美學加療癒就是藝術治療……幫自己建立一個「醫療版的自己」，在自己的書單、學習計畫中加上醫療類的書籍，同時為自己與家人的健康把關；倘若身邊有家人或友人有疾病或是意外受傷，你可以觀察並研究各個療法在他身上的效果。

新世界未來學之二：
有機環保／可持續生態的居住環境
讓我們更快樂地活著

現代有許多人感到茫然、憂鬱、沮喪、身心不健康，那是因為我們離大自然太遠了，原本我們應該踩在有太陽熱度、崎嶇不平的大地上，但我們的腳被平坦的地板與恆溫地毯隔離了；原本我們頭頂應該有日月星雲，周圍有鳥鳴花香，但現在我們都躲在冷暖氣房裡，連鳥鳴都是從音響發出來的，花香是精油瓶噴出來的……我們活在制式的人工溫室之中，老早就失去鮮活的生命力；馬路、高樓大廈、工廠等大型建物快速摧毀大自然億萬年的豐富地貌，我們把地球天堂變成連呼吸都困難的城市，連人都累活得快不成人形。

大家都想要有個可持續自然生態的居住環境，讓我們更健康、更快樂地活著。我也是，所以我曾與幾位對建立有機生態村感興趣的好友們不定期地見面討論，也包括請有機生態住宅專家加入我們的討論。在《阿納茲塔夏》這套系列書裡就有許多建立生態家園的詳細實踐方法，而且在全球多地實驗成功，所以大家可以開始與信任的親友到鄉下去找被荒廢的土地，一起共建「將來能與地球生態共存」的有機生態村，不必等退休後才做，請現在就先以目前周圍能有的資源開始做起，只要你開始行動，自然就會啟動能量匯聚場，你會發現身邊有這樣想法的人越來越多。

新世界未來學之三：
一鍵清除木馬模組／展開新版本
讓我們不再費時療癒

我平常在網路上幫學生或讀者做木馬個案之前，都會要求每一位要把自己的問題單寫好給我，目的只有兩個：一是當他們在寫問題單的過程中，就能鋪展開來「鬼打牆」模組，而我通常只要花不到五秒鐘的時間，就能看出整張問題單最核心的關鍵問題，然後我會針對這關鍵問題直接處理，就相當於一個人困在全黑暗的房間裡，他一會慌張找不到電燈開關，一會焦慮找不到門窗出口，但我的任務只有一個，就是把他房間的燈打開，然後他什麼都能看清了，我就不必陪他摸黑找這個問題的脫困出口、尋那個煩惱的解方答案。

所以你也可以用旁觀者的角度，一眼看到自己還困在哪一類情緒房間裡？覺得自己不夠好的焦慮？還是擔憂未來生存生計的恐慌？然後把燈打開，一步驟就可以脫困了。建議大家可以讀《人類木馬程式》、《原生家庭木馬快篩》這兩本書作為我們看到盲點的明鏡，除障破關的解方全都在裡面，沒有在之外的——透過與家人親友一起共同探討，快速精準地一鍵清除困住我們數十載的陳年木馬，蛻變並改寫新的方程式後，只要持續維持至少二十一天，最好持續三個月，省掉漫長鬼打牆的療癒時間，瞬間展開新頻率版本，就能讓更自由、更有創造力的新路徑版圖，成功取代一直迴圈的木馬舊程式。

新世界未來學之四：
建立高維度的人際關係圈／社群
讓我們共創每日驚喜

《地球朝聖者》提到學習的方式有三種：用頭腦知曉、用心靈感受、用身體實踐。所謂同頻相吸，建立高維度的人際關係圈／社群，讓有共同興趣目標的人聚在一起是非常重要的，不僅加強我們在這個領域持續創造與交流分享心得的動力，還可以讓相同頻率的人互相激盪。

我自己在台北有好幾個線下聚會的小群，例如有專門讀心靈成長與量子物理學的討論群；還有會約出來聊聊彼此創作近況的女性作家群；還有一群會討論電影的影評人群，除了交換目前有哪些電影好看，交流有哪些特別的觀影角度之外，他們都是每年看三百到一千部電影的重度影癡，當然也是很多電影講座的導讀者或是演講者，跟他們討論起電影來非常過癮；還有藝術討論群，我們正在討論的是 VR 對藝術的轉型與新機會有哪些；還有訊息醫學討論群、生態村研究群……這些都是自己有興趣的——與這些高維度、高知識、高執行力的專家見面三小時，勝過讀三十本書，更何況還有很多書、電影、演講資訊、網上資訊都是他們分享給我的。所以吸引並聚集與你有共同興趣、共同頻率的群體，一起共修學習並實踐創造有影響力的志業，就可以每日共創驚喜。

新世界未來學之五：
讓每個人得以安心發展自己天賦的天命銀行

許多年輕人一出社會，就被高價的房租壓得喘不過氣，所以幾乎沒有時間尋找自己的天命、開啟自己的天能、發展自己的天賦。所以我有個想法，就是未來大家可以共同成立所謂的天命銀行，有想法、有才華的人可以申請一年免息的生活金，利用這一年專心創作，未來作品所得的版權金再回到天命銀行幫助更多人，類似天命創投與募資的概念。當大家都活在天命頻率中，我們才能豐盛共好。

新世界未來學之六：

以未來共好的願景發展新創科技
超未來互聯腦
讓魔法世界顯化成眞

平時我會在日常生活中平行開啟未來視野，於是我看到的未來有：X 光透視健診型眼鏡、瞬間長牙的生長凝膠、模擬人生多版本的虛擬遊戲、過往人生軌跡大數據庫、量子腦智囊團……等等。我每看一部電影，就從這影片給我的靈感，瞬間迸發出目前還沒出現的新科技靈感；閱讀也能讓我看見未來，舉《海奧華預言》這本書的例子，我一看下來就已經有了宇宙力場建築、時空鎖專注頻率儀、裝戴式心電感應儀、腦波影像投影幕、星光體瞬移艙、造夢預視人生機、宇宙卵創造艙、抵銷重力超光速調頻飛行器、乙太振動調頻護場手環、個人懸浮裝備、超音波承載技術、改變氣候的力場儀、標記細胞回春技術……如果你以現在的角度來看《海奧華預言》，你會把它當成科幻小說來看；但如果你把視野拉到很未來，比方是從二〇五〇年往現在看，那麼《海奧華預言》就是未來的預覽指南。大家可以把此書提到的情節都當成真的角度，每天以超級想像力從生活中提煉出目前還沒出現的未來產業或科技發明，並以未來全球共好願景為唯一方向來發展新創項目，有助於我們直接跳躍接軌到未來，讓 AI 科技魔法顯化出好玩的人間天堂，或者可以說是：我們提前到未來，等其他人來。

新世界未來學之七：
建立 AI 未來．人生與夢想導航系統
全人全才之新人類取代單一天賦學

面對接下來日新月異的未來 AI 科技時代，我為自己建構出「AI 未來．人生導航系統」（見第 226 頁圖），上面有如皇冠的五個三角形，可以填入自己想要完成的終極榮耀，圓圈內最中間要填入的是「核心領域」，周圍開展的是十二個次要領域，並以「十二種力」：反思力、覺察力、自信力、智慧力、升維力、應變力、想像力、創造力、科技力、更新力、全息力、全能力來全方位升級自己。

AI 未來・人生導航系統

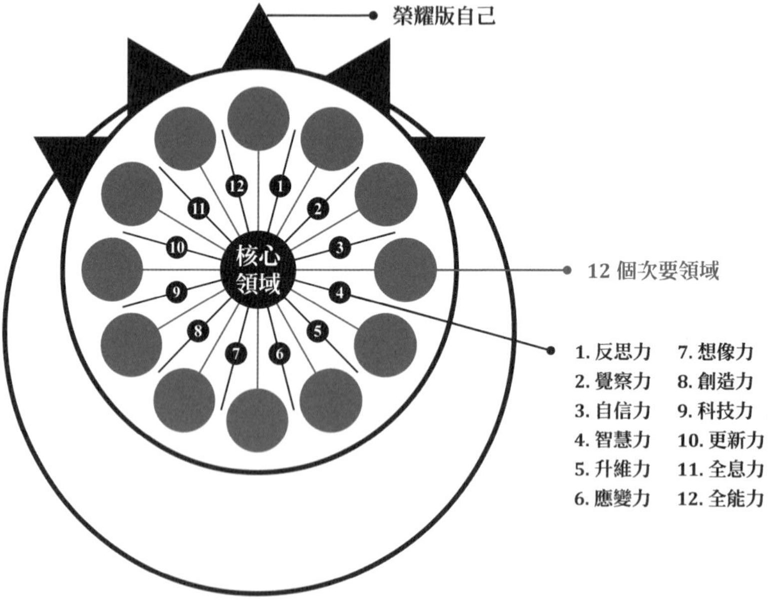

同時，我也列出自己的「**AI 未來・夢想導航系統**」，以一個「核心夢想」結合周圍十二個夢想次目標，上述提到的「十二種力」就成了隨時修正校準自己夢想頻率的工具。

AI 未來・夢想導航系統

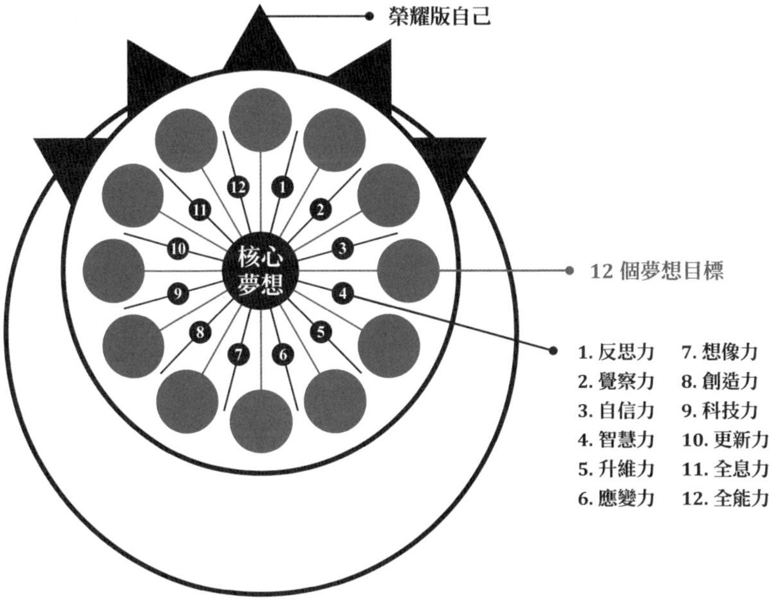

當「全人全才之新人類學」取代「單一天賦學」，以想像力結合 AI 科技，就能快速創造出未來的新職業產業，記得列出自己的演進藍圖、與天命天賦學程、與創造的執行計畫，讓好玩的未來變成現在進行式。

第五章

在大家共好的量子天命之下
活出榮耀版的自己

柯比在《親愛的籃球》紀錄片中，把他人生重要的關鍵畫面、最榮耀時刻，以素描方式繪出定格——大家也可以每天畫一格，或是拍一張當天最值得記憶、最值得感謝的畫面，無論是記錄在手機、記事本、自媒體都行，就相當於每天畫出自己天命紀錄片的分鏡腳本，目的是讓自己珍惜當下，並隨時校準自己最想要的頻率狀態。此外，可以選一首讓你感到榮耀的音樂，想像自己在人生的最終，帶著微笑光榮驕傲地離開生命是什麼狀態？是完成了哪些事？那時是怎樣的地球版本？

《改寫人生的奇蹟公式》裡有一段話：「我們不必創造富饒，富饒一直都在，我們只會創造限制。」**量子是一種維度觀，天命是一種頻率，只要我們恢復為神聖的原廠設定，就能啟動本自俱足的愛、自信、智慧、勇氣、興奮、豐盛、創造力**，毫不費力地升維到天行者的境界：無所不在、無所不能、自由自在的狀態，在大家共好的量子天命之下，與新版地球同時更新最高命運程式碼，活出榮耀版的自己，在偉大的生命舞台上，給自己加冕。

所以請大家看完書之後，專心把接下來的每一天，都視為AI科技時代重新尋找自己新定位之旅，最重要的是：要從自己一堆興趣專長中，一眼抓到跟未來趨勢相符的那一項，一方面往下紮根到核心，往外延伸成為體系，也必須同時最快往上到這領域的最高亮點——不管你目前進展到什麼階段，但你現在已經是在天命頻率的路上，只會越來越清晰，不會退轉，只有停與進的兩種。停頓的時候不要焦慮、擔憂、茫然，立即選聽天命級的音樂，協助你當下拉升視野、聚焦、調頻，邊聽邊在腦中預覽、預練自己的未來即可。

今年將是全球天命啟動之年，緊接著就是天命落實之時。最後祝願大家以此書很快找到「AI 科技時代的新天賦藍圖」，今天就是人生最重要的轉折點，在你所到達的最高視野之上共同開啟全新天命，以「全球共好」的頻率一起快樂創作，享受每一天活出天命精采的自己！

李欣頻

政大新聞研究所碩士、北京大學新聞與傳播學院博士，曾任教於北京大學新聞與傳播學院，擔任《廣告策劃與創意》課程講師，並曾於北京中醫藥大學修習半年。

有著作家詩人的孤僻性格＋修行者洞察深處的眼睛＋旅行者停不下來的身體＋廣告人的纖細敏感與美學癖＋知識佈道家想要世界更好的狂熱＋教育者捨我其誰的使命感。

曾任廣告公司文案、誠品書店特約文案。宏碁數位藝術中心特約文案創意。

廣告作品

中興百貨、遠東百貨、誠品書店、誠品商場、宏碁數位藝術中心、富邦藝術基金會、台新銀行玫瑰卡、臺北藝術節、鶯歌陶瓷博物館、統一企業集團形象廣告、飲冰室茶集、雅虎奇摩網路劇、公共電視形象廣告案……等。

專欄

曾為聯合報、廣告雜誌、香港 ZIP 雜誌、皇冠雜誌、TVBS 週刊、ELLE 雜誌、MEN'S UNO 雜誌、費加洛雜誌……等之專欄作家。

任教資歷

台灣科技大學、中原大學、臺北大學、成功大學、學學文創、誠品信義講堂、北京大學新聞與傳播學院。

太平洋 SOGO、新光三越、AVEDA、聯電、旺宏電子、德州儀器、統一企業、宏碁、NOVA、康健雜誌、南山人壽、富邦講堂、誠品書店、數位學院、幼獅文藝寫作班、公民美學講座、摩根富林明、十大傑出青年基金會、動腦講座、中國生產力中心、數位時代創意實踐講堂、北美館（台灣生活創意座談：誰來寫台灣設計品牌）、當代藝術館、臺北電影節、芝普、國貿學院經管策略管理將帥班……以及數十所大專院校之邀，擔任廣告、創意、創作、出版課程之講師。

評審資歷

曾任全球最大學生創意競賽金犢獎決選評審、FRF「時尚拒絕皮草」藝術設計大獎決選評審、2009 臺北電影獎媒體推薦獎評審、連續五屆台灣廣告流行語金句獎評審、2009 年臺北電影節媒體推薦獎評審、誠品文案獎評審、南瀛獎動畫類評審、董氏基金會大學築夢計畫決選評審、中國時報文彩青年版指導作家、TWNIC 第五屆網頁設計大賽決選評審委員、「創意與創業全國」座談會與談人、金鐘獎評審委員。

廣告代言

SKII、香奈兒彩妝、PUMA 旅行箱、Levi's 牛仔褲、NIKE、Aêsop 馬拉喀什香水、OLAY、三星手機等。並獲選為 2008 年度 Intel 迅馳風尚大使。

個人資歷

散文作品被收錄於〈中華現代文學大系〉散文卷。文案作品被選入《台灣當代女性文選》。

2009 年金石堂書展選為不可錯過的八位作家之一。2010 年統一企業主辦網路票選年輕人心目中最喜歡的十大作家之一。

2004 年數位時代雜誌選為台灣百大創意人之一。天下遠見文化事業群之 2006 年《30 雜誌》選為創意達人之一。2009 年入選年度時尚人物創意家。入圍 2013 年作家富豪榜，同年獲得 COSMO 年度女性夢想大獎、講義雜誌年度最佳旅遊作家獎。受邀至 2019 世界閱讀者大會、2019 跨界未來座談會、2019 能量與心靈醫學研討會專題演講。

目前已經旅行包括全歐洲、東北非、杜拜、阿布達比、印度、東南亞、東北亞、南極、北美洲、南美洲、不丹……等六十多國。

李欣頻作品

◆ 廣告文案

李欣頻的廣告四庫全書：

《廣告副作用（藝文篇）》

《廣告副作用（商業篇）》

《廣告拜物教》

《虛擬國境》

《李欣頻的寫作之道》

◆ 創意教育

李欣頻的創意天龍 8 部：

《十四堂人生創意課 1：如何畫一張自己的生命藍圖》

《十四堂人生創意課 2：創意→創造→創世》

《十四堂人生創意課 3：五十個問答＋筆記本圓夢學》

《私房創意能源庫：五十項私房創意包・五十樣變身變腦法》

《旅行創意學：十個最具創意的「旅行力」》

《人生變局創意學：世界變法，你的百日維新》

《十堂量子創意課：十個改變命運的方法》

《打造創意版的自己：創意腦與創意人格培養手冊》

◆ 旅行寫作

李欣頻的環球旅行箱：

《創意啟蒙之旅》、《心靈蛻變之旅》、《奢華圓夢之旅》

◆ 愛情時尚

李欣頻的時尚感官三部曲：

《情慾料理》、《食物戀》、《戀物百科全書》

李欣頻的都會愛情三部曲：

《愛情教練場》、《戀愛詔書》、《愛欲修道院》

◆ 心靈成長

李欣頻的覺醒系列：

《心誠事享》（《為何心想事不成》2018 年修訂版）

《愛情覺醒地圖》、《人類木馬程式》

（以上三本在博客來暢銷總榜高踞前三名）

《人類大疫考》（博客來預售榜、暢銷總榜第一名）

《原生家庭木馬快篩》

◆ 創意曆法

《馬曆連夢錄》、《正能曆》、《萬有引曆》、《我｜鏡》曆、《星能曆》、《無限曆》、《預言曆》、《超能曆》、《種子曆》、《多維藍圖曆》、《超龍曆》、《創富曆》

◆ 李欣頻的音樂導引專輯

《音樂欣頻率》（風潮唱片）、《音樂超頻率》

◆ 桌遊

人類木馬程式桌遊

https://p.ecpay.com.tw/291A56F

李欣頻 Facebook 粉絲專頁：

http://www.facebook.com/leewriter0811

李欣頻 Line ID 搜尋：

@happychannel 或 欣頻道

李欣頻助理信箱：

m13811465077@163.com

（個人天賦藍圖、解除木馬程式諮詢預約郵箱、工作連絡）

微信公眾號：

請搜「欣频创意实验室」（欣頻創意實驗室）

國家圖書館出版品預行編目資料

AI新天賦：科技時代天命藍圖導航系統／李欣頻著
--初版.--臺北市：平安文化, 2025.05
240面；21×14.8公分. --(平安叢書；第846種)
(UPWARD；178)
ISBN 978-626-7650-38-7（平裝）

1.CST: 自我實現 2.CST: 成功法

177.2　　114004629

平安叢書第0846種
UPWARD 178
AI新天賦
科技時代天命藍圖導航系統

作　　者—李欣頻
發 行 人—平　雲
出版發行—平安文化有限公司
台北市敦化北路120巷50號
電話◎02-27168888
郵撥帳號◎18420815號
皇冠出版社（香港）有限公司
香港銅鑼灣道180號百樂商業中心
19字樓1903室
電話◎2529-1778　傳真◎2527-0904
總 編 輯—許婷婷
副總編輯—平　靜
責任主編—蔡承歡
責任編輯—林鈺芩
行銷企畫—鄭雅方
美術設計—任佑騰、單　宇
著作完成日期—2024年12月
初版一刷日期—2025年5月
法律顧問—王惠光律師

讀者服務傳真專線◎02-27150507
電腦編號◎425178
ISBN◎ 978-626-7650-38-7
Printed in Taiwan
本書定價◎新台幣420元/港幣140元